THESE HANDY, accessible books give you all you need to tackle a difficult project, gain a new hobby, comprehend a fascinating topic, prepare for an exam, or even brush up on something you learned back in school but have since forgotten.

You can read an *EVERYTHING*® book from cover to cover or just pick out the information you want from our four useful boxes: e-facts, e-ssentials, e-alerts, and e-questions. We literally give you everything you need to know on the subject, but throw in a lot of fun stuff along the way, too.

We now have well over 300 *EVERYTHING*® books in print, spanning such wide-ranging topics as weddings, pregnancy, wine, learning guitar, one-pot cooking, managing people, and so much more. When you're done reading them all, you can finally say you know *EVERYTHING*®!

Ⓔ **FACTS:** Important sound bytes of information

Ⓔ **ESSENTIALS:** Quick and handy tips

Ⓔ **ALERTS!:** Urgent warnings

Ⓔ **QUESTIONS:** Solutions to common problems

THE
EVERYTHING
Series

Dear Reader,

I wish I could say that I've always been interested in language, but it wouldn't be quite true—I distinctly remember hating word etymology in grade school. However, I can honestly say that was a fluke, because it completely changed when I started learning French in high school. In fact, I loved French so much that after two years I began studying Spanish as well.

Thanks to the Internet, I have the greatest job in the world, teaching French and Spanish to virtual students and commiserating with virtual colleagues all over the world. I started my French site (*http://french.about.com*) in 1999 and my Spanish site (*http://spanish.allinfo-about.com*) two years later. Working freelance allows me plenty of time to travel. I've been to Spain several times as well as Costa Rica and Mexico. Well, enough about me, let's get down to work. *¡Pongámonos a trabajar!*

Laura Lawless

THE
EVERYTHING®
SPANISH VERB BOOK

A handy reference for
mastering verb conjugation

Laura K. Lawless

Adams Media
Avon, Massachusetts

Para Lencho, mi marido y mejor amigo. Agradezco mucho tu apoyo.

An Everything® Series Book.
Everything® and everything.com are registered trademarks of
F+W Publications, Inc.

Published by Adams Media, an F+W Publications Company
57 Littlefield Street, Avon, MA 02322 U.S.A.
www.adamsmedia.com

ISBN: 1-59337-134-9

Printed in Canada.

J I H G F E D C B

Library of Congress Cataloging-in-Publication Data
Lawless, Laura K.
The everything Spanish verb book / Laura K. Lawless.
p.   cm.
(Everything series)
ISBN 1-59337-134-9
1. Spanish language–Verb. I. Title. II. Series.
PC4271.L39   2004
468.2'421–dc22   2004012251

This publication is designed to provide accurate and authoritative information with regard to the subject matter covered. It is sold with the under-
standing that the publisher is not engaged in rendering legal, accounting,
or other professional advice. If legal advice or other expert assistance is
required, the services of a competent professional person should be sought.
—From a *Declaration of Principles* jointly adopted by a Committee of the
American Bar Association and a Committee of Publishers and Associations

Many of the designations used by manufacturers and sellers to distinguish
their products are claimed as trademarks. Where those designations appear
in this book and Adams Media was aware of a trademark claim, the designations have been printed with initial capital letters.

Cover illustrations by Barry Littmann.

This book is available at quantity discounts for bulk purchases.
For information, call 1-800-872-5627.

THE

EVERYTHING
Series

EDITORIAL

Publishing Director: Gary M. Krebs
Managing Editor: Kate McBride
Copy Chief: Laura MacLaughlin
Acquisitions Editor: Eric M. Hall
Development Editor: Julie Gutin
Production Editor: Jamie Wielgus
Language Editors: Susana C. Schultz,
Alina Padrón Rodríguez

PRODUCTION

Production Director: Susan Beale
Production Manager: Michelle Roy Kelly
Series Designer: Daria Perreault
Cover Design: Paul Beatrice and Frank Rivera
Layout and Graphics: Colleen Cunningham,
Rachael Eiben, Michelle Roy Kelly,
John Paulhus, Daria Perreault, Erin Ring

Visit the entire Everything® series at www.everything.com

Acknowledgments

First of all, I have to thank my agent, Barb Doyen, for finding me and being so kind during the writing of my first two books. My editor, Eric Hall, also deserves a big *¡gracias!* for being patient and doing his best to let me be myself. *A mis amigas Jessica en Colombia y Gabriela en Argentina: mis gracias más efusivas por vuestras correcciones y sugerencias.* To my fellow Correspondents at the All Info About network (*http://www.allinfo-about.com*), I'm so happy to be working with you. Thanks for giving me the chance to teach Spanish on the Internet. Hugs to my pal Linda for being thrilled for me and also for several fantastic weekend breaks in *la manzana grande*. Above all, thank you to my husband Orin (a.k.a. Lencho), who served as a sounding board, brainstormer, proofreader, coach, cheerleader, and counselor—often simultaneously. I couldn't have done this without you. *¡Muchísimas gracias a todos!*

Introduction

¡BIENVENIDOS! Welcome! Verbs tend to be one of the more difficult aspects of Spanish for students, and verb conjugation books are the key to overcoming this difficulty. The three main sections in *The Everything® Spanish Verb Book* are lessons, verb tables, and the appendix. You should start with the lessons that present the basic aspects of Spanish verb conjugation. The verb tables serve as a quick-reference guide to over 250 of the most common Spanish verbs. The third section is a list of 1,000 verbs that are conjugated similarly to one of the verbs in the verb charts.

Unlike some other Spanish verb books, the verb tables here only include simple (single verb) conjugations. This is because compound (double verb) conjugations are based on simple conjugations and are very easy to figure out, so there is no need to conjugate hundreds of verbs into another seven or eight tenses. In addition, each of the more than 250 verbs in the tables has a brief description of its conjugation pattern.

How to Use This Book

The 250 verbs conjugated in the following tables are the most common and useful Spanish verbs, listed in alphabetical order. Note that the Spanish alphabet has twenty-eight letters: A B C CH D E F G H I J K L LL M N Ñ O P Q R S T U V X Y Z. This means *CH* and *LL* are each considered a single letter in Spanish. When you look at the verb charts, you need to be aware that they do not comply with what you might consider the "normal" way to alphabetize.

On each verb page, you'll find the Spanish verb, its English translation, and its type and conjugation pattern. Verbs that may be used reflexively also include the English translation of the reflexive, marked with (*se*). You will then see the verb conjugated into the eight simple tenses (including both forms of the imperfect subjunctive) as well as the verb's present and past participles.

The conjugations appear with matching pronouns. For the sake of simplicity, only one grammatical person is listed for each verb conjugation in the tables: *yo*, *tú*, *él*, *nosotros*, *vosotros*, and *ellos*. The only exception is the third person singular and plural of the imperative, for which *Ud.* and *Uds.* are listed instead of *él* and *ellos*, since there is no imperative for he, she, and they.

The 250 verbs will serve as conjugation model verbs for 1,000 additional verbs listed in the appendix. Each additional verb includes a translation and a model verb that you can use for reference. For example, if you look up *devenir*, the model verb listed will be *venir*, since these two verbs follow the exact same conjugation pattern. (Note that if you look up *venir* in the appendix, it will be repeated in the model verb column.)

The following abbreviations and terms are used in the verb tables and appendix: **s.o.** (someone), **s.t.** (something), **inf** (informal), and **defective** (verb that lacks conjugations for one or two grammatical persons).

Conjugating Spanish Verbs

A verb is the action word in a sentence—the word that names an action (he works) or describes a state of being. Verbs are one of the most essential parts of speech, since they are a required element in sentences. Nouns, pronouns, adjectives, etc. don't show up in every sentence you use, but verbs do. For example, the shortest grammatically correct sentence in English is "Go!" That single word in the imperative can be a complete sentence.

Factors That Affect Verb Conjugation

Spanish verbs have to be "conjugated" or "inflected"; that is, changed according to how they are used. Each Spanish verb has at least five—but usually six—different conjugations in each tense and mood.

 FACT

> The infinitive is the most basic form of a verb. In English, it is expressed as "to + verb." Spanish infinitives are single words with one of three infinitive endings: –AR, –ER, or –IR. For example, *hablar* (to speak), *comer* (to eat), *abrir* (to open).

In most conjugations, you will need to drop the infinitive ending (leaving the radical or root) and add the appropriate ending. There are a total of five elements in conjugation: number, person, voice, mood, and tense.

Number and Person

Number and person go hand in hand; together, they indicate the grammatical person: who or what is performing the action of the verb. Number may be singular (one) or plural (more than one). Person may be first person (the speaker), second person (the listener), and third person (third party). This means there's a total of six grammatical persons, and each has at least one subject pronoun:

	singular	plural
1st person	*yo* (I)	*nosotros/as* (we)
2nd person	*tú* (you, inf.)	*vosotros/as* (you, inf.)
3rd person	*él, ella, ello, Ud.*	*ellos, ellas, Uds.*
	(he, she, it, you)	(they, you)

Ello is rarely used; *él* and *ella* mean "it" when they replace a noun of that gender, so *el perro* becomes *él* and *la ciudad* is replaced by *ella*. *Nosotros, vosotros,* and *ellos* are used for men, male nouns, and mixed gender groups. *Nosotras, vosotras,* and *ellas* can only be used for a group of women and/or female nouns.

Ⓔ ESSENTIAL

Ud. (which can also be written *Vd.*) is short for *usted*, which is itself the contraction of *vuestra merced* (your honor). Just as we might say "Your Majesty" and use the third person, *Ud.* and *Uds.* are considered third-person pronouns and take the same verb conjugations as *él, ella, ello, ellos,* and *ellas.*

In looking at the chart, you might notice what appears to be an excess of "you"s. In Spanish, two important distinctions are made when talking to "you": Is there one person or more than one? Is it someone to whom you want to indicate closeness (a friend, parent, pet) or someone to whom you wish to show respect (a doctor, teacher, lawyer)? Once you've answered these questions, you'll know which "you" to use: In Spain, *tú* is singular/informal, *Ud.* is singular/formal, *vosotros (vosotras* in the feminine) is plural/informal, and *Uds.* is plural/formal. In Latin America, *vosotros* is no longer in use; instead, *Uds.* is used for all plural "you"s.

Making Sense of Tense

Tense refers to the time a verb's action takes place: present, past, or future. There are two kinds of tenses. A simple tense is a verb form that consists of a single word like *hablamos* (we talk). A compound tense is a verb form made up of two words: auxiliary verb + participle: *he comido* (I have eaten), *estamos hablando* (we are talking). Note that *escucharé* is a simple tense in Spanish, while its translation "will listen" is a compound tense in English.

Get in the Mood

Mood refers to the attitude of the speaker toward the action/state of the verb—how likely or factual the statement is. Spanish has three moods: indicative, subjunctive, and imperative. The indicative is what you might call the "normal" mood—it indicates a fact: *Vivimos en España.* (We live in Spain.)

The subjunctive expresses subjectivity, such as doubt and unlikelihood: *Quiero que lo hagas.* (I want you to do it.) Note that the subjunctive is extremely rare in English but common in Spanish. The imperative is the mood of command: *Esperad aquí.* (Wait here.)

Verb Forms

Once you know the tense and mood that you would like to use, you have a verb form and you can start figuring out its conjugations. There are more than two dozen Spanish verb forms, the most important of which will be explained in this chapter.

Four Types of Verbs

There are four main types of Spanish verbs: regular, stem-changing, irregular, and reflexive. Most Spanish verbs are regular, which means they are conjugated according to a pattern. Once you learn how to conjugate one regular –AR, –ER, and –IR verb, you can conjugate the majority of Spanish verbs.

Stem-Changing Verbs

Stem-changing verbs are verbs that undergo a change in the root (radical) in various conjugations. The three stem changes are E > IE, O > UE, and E > I. The following examples show how the stem is changed in the present indicative of *querer, poder,* and *pedir.*

Querer (to want)

*yo qu**ie**ro*	*nosotros queremos*
*tú qu**ie**res*	*vosotros queréis*
*él qu**ie**re*	*ellos qu**ie**ren*

Poder (can, to be able to)

*yo p**ue**do*	*nosotros podemos*
*tú p**ue**des*	*vosotros podéis*
*él p**ue**de*	*ellos p**ue**den*

Repetir (to repeat)

yo rep*i*to	nosotros repetimos
tú rep*i*tes	vosotros repetís
él rep*i*te	ellos rep*i*ten

Spelling-Change Verbs

Aside from stem-changing verbs, which are characterized by changes in vowels, there are certain Spanish verbs that undergo consonant spelling changes in certain conjugations. The consonants that are generally affected are C, G, and, to a lesser extent, Z. Before E and I, C sounds like S and G sounds like a hard H (or Spanish J). The letter Z cannot precede E or I; that means it must be replaced by the letter C.

When conjugating verbs, the sound of the last letter before the ending (e.g., the C in *sacar*, the G in *jugar*) needs to be maintained in every tense and mood. As a result, some verbs require a spelling modification.

For example, the verb *pagar* (to pay) has a hard G sound, which is maintained with all of the present tense conjugations because they are all hard vowels (*pago, pagas, paga,* etc.). However in the preterite, the first person singular ends in the soft vowel E, which would normally give you "*pagé*" and would be pronounced [pa hay]. What you want is [pa gay], so to get that sound you need to change the spelling to *pagué*.

Reflections on Reflexive Verbs

Reflexive verbs are classified according to their regular/irregular/stem-changing verb classification, but have an additional characteristic: they are preceded by a reflexive pronoun, which indicates that the subject is performing the action of the verb upon itself (*me lavo*, I'm washing myself) or that multiple subjects are performing a reciprocal action (*se escriben*, they write to each other). Many verbs have both reflexive and nonreflexive uses. For example, *escribir* means "to write" (a letter, a book, etc.), whereas *escribirse* means "to write to each other."

When you are conjugating a reflexive verb, each grammatical person must be matched with a reflexive pronoun:

Lavarse (to wash oneself)

yo **me** lavo	nosotros **nos** lavamos
tú **te** lavas	vosotros **os** laváis
él **se** lava	ellos **se** lavan

Indirect Object Pronoun Verbs

There is another category of verbs that includes *gustarle* (to like) and *faltarle* (to need, be lacking). These verbs are unusual for two reasons: They require an indirect object pronoun (indicated by *le* tacked on to the infinitive) and they do not conjugate according to grammatical person, but rather according to the number of the noun that follows.

Take the phrase "I like school" as an example. "School" is singular, so the verb, *gustar*, will be in the third person singular, and we end up with *me gusta la escuela*. In the sentence "I like books," the subject "books" is plural, so the verb will be conjugated in the third person plural: *me gustan los libros*.

me gusta el libro	*nos* gusta el libro
me gustan los libros	*nos* gustan los libros
te gusta el libro	*os* gusta el libro
te gustan los libros	*os* gustan los libros
le gusta el libro	*les* gusta el libro
le gustan los libros	*les* gustan los libros

Present Tense

The present tense *(el presente)* of the indicative mood is very similar in usage to the English present tense. The one difference is that in Spanish, "I eat" and "I am eating" are both translated as *(yo) como.* If you want to emphasize the fact that you are eating right now, you can use the Spanish present progressive, *yo estoy comiendo,* covered later in the chapter.

In the present tense, regular verbs are conjugated by dropping the infinitive ending and adding the following endings:

–AR Verbs		–ER Verbs		–IR Verbs	
–o	–amos	–o	–emos	–o	–imos
–as	–áis	–es	–éis	–es	–ís
–a	–an	–e	–en	–e	–en

Simple Past (Preterite)

The preterite *(el pretérito)* is the Spanish simple past tense, used to talk about specific actions or events that were completed in the past. In the preterite, most regular Spanish verbs are conjugated with the radical (verb minus infinitive ending) plus the appropriate preterite ending.

–AR Verbs		–ER and –IR Verbs		Irregular Verb Endings	
–é	–amos	–í	–imos	–e	–imos
–aste	–asteis	–iste	–isteis	–iste	–isteis
–ó	–aron	–ió	–ieron	–o	–ieron

Stem-changing verbs that end in –AR or –ER do not stem-change in the preterite; stem-changing –IR verbs do go through a stem change in the third person conjugations: those that have an E change to an I, and those that have an O change to a U.

Some verbs are irregular in the preterite; you'll need to memorize their radicals and use them with the irregular set of endings (listed in the preceding table). These verbs are *estar* (to be), *poder* (to be able to), *poner* (to put), *querer* (to want), *tener* (to have), and *venir* (to come).

Other verbs that are irregular in the preterite include *dar* (to give), *ver* (to see), *decir* (to say), *traer* (to bring), *hacer* (to do), *ser* (to be), and *ir* (to go).

The Imperfect Tense

The imperfect tense *(el imperfecto)* is used to talk about a past action or state of being without specifying when it began or ended. It is often equivalent to the construction "was/were . . . –ing" in English. The Spanish imperfect is also used for descriptions, like *hacía calor* (it was hot) and can express repeated actions in the past, such as *llamaba todos los días* (I used to call every day).

Except for *ir, ser,* and *ver,* all Spanish verbs have regular conjugations in this tense, formed with the following endings:

-AR verbs		-ER and -IR Verbs	
-aba	-ábamos	-ía	-íamos
-abas	-abais	-ías	-íais
-aba	-aban	-ía	-ían

Future and Conditional

Future and conditional tenses are both formed with the entire infinitive form (without dropping the –AR, –ER, or –IR ending) plus the appropriate ending. A handful of verbs have irregular future/conditional radicals, but they use the same endings as regular verbs:

Verb	Radical	Verb	Radical
caber	*cabr–*	*querer*	*querr–*
decir	*dir–*	*reír*	*reir–*
haber	*habr–*	*saber*	*sabr–*
hacer	*har–*	*salir*	*saldr–*
oír	*oir–*	*tener*	*tendr–*
poder	*podr–*	*valer*	*valdr–*
poner	*pondr–*	*venir*	*vendr–*

The Spanish future tense *(el futuro)* is used much like its English counterpart ("will" + verb)—to announce upcoming events. The conditional *(el potencial)* is used for actions that are not guaranteed to occur; often they are dependent on certain conditions. In English, this verb form is indicated by the word "would."

Future Endings for All Verbs

–é	–emos
–ás	–éis
–á	–án

Conditional Endings for All Verbs

–ía	–íamos
–ías	–íais
–ía	–ían

For example, *yo hablaré* (I'll speak), *ella venderá* (she'll sell), *nosotros viviremos* (we'll live), *ellos tendrán* (they'll have); *yo hablaría* (I'd speak), *ella vendería* (she'd sell), *nosotros viviríamos* (we'd live), *ellos tendrían* (they'd have).

In the Mood to Command

The imperative *(el imperativo)* is a verb mood used to give a command, either affirmative (Go!) or negative (Don't go!). The imperative for all commands for *Ud.*, *Uds.*, and *nosotros* and for negative commands for *tú* and *vosotros* is formed by taking the present indicative form and then changing one letter:

- **Regular –AR verbs:** Change the A at the beginning of the ending to E.
- **Regular –ER verbs:** Change the E at the beginning of the ending to A.
- **Regular –IR verbs:** In the *tú*, *Ud.*, and *Uds.* forms, change the E at the beginning of the ending to A.

In the *nosotros* form, change the I of the ending to A. In the *vosotros* form, change the Í of the ending to ÁI. (Note that the imperative endings for –ER and –IR verbs end up being identical.)

Ⓔ **ESSENTIAL**

Affirmative commands with *tú* and *vosotros* are conjugated a bit differently: With the *tú* form, take the present tense conjugation and drop the final S. With the *vosotros* form, take the infinitive and replace the final R with a D.

–AR Verbs in the Imperative

Present Indicative	Positive Command	Negative Command
tú estudias	*estudia*	*no estudies*
Ud. estudia	*estudie*	*no estudie*
nosotros estudiamos	*estudiemos*	*no estudiemos*
vosotros estudiáis	*estudiad*	*no estudiéis*
Uds. estudian	*estudien*	*no estudien*

–ER Verbs in the Imperative

Present Indicative	Positive Command	Negative Command
tú bebes	*bebe*	*no bebas*
Ud. bebe	*beba*	*no beba*
nosotros bebemos	*bebamos*	*no bebamos*
vosotros bebéis	*bebed*	*no bebáis*
Uds. beben	*beban*	*no beban*

–IR Verbs in the Imperative

PRESENT INDICATIVE	POSITIVE COMMAND	NEGATIVE COMMAND
tú abres	*abre*	*no abras*
Ud. abre	*abra*	*no abra*
nosotros abrimos	*abramos*	*no abramos*
vosotros abrís	*abrid*	*no abráis*
Uds. abren	*abran*	*no abran*

The Subjunctive Mood

The subjunctive mood *(el subjuntivo)* is subjective; it expresses emotional, potential, and hypothetical attitudes about what is being expressed—things like will/wanting, emotion, doubt, possibility, necessity, and judgment. Subjunctive conjugations are similar to imperative conjugations, in the sense that the endings "switch": –AR verbs take on E endings, and –ER and –IR verbs take on A endings.

–AR Verbs		–ER and –IR Verbs	
–e	–emos	–a	–amos
–es	–éis	–as	–áis
–e	–en	–a	–an

Stem-changing verbs use the same endings for subjunctive conjugations as regular verbs but may undergo spelling changes. Stem-changing –AR and –ER verbs follow the rules for regular verbs: they use the same stem as in the present tense and thus maintain their stem changes in the subjunctive. However, stem-changing –IR verbs are irregular in the subjunctive.

Most verbs that have an irregular first person singular *(yo)* conjugation in the present indicative tense use that conjugation as the basis for their subjunctive stem. For example: *conocer > conozco > conozca.*

 FACT

> *Dar* and *estar* have irregular subjunctive forms due to accents: *dé, des, dé, demos, deis, den; esté, estés, esté, estemos, estéis, estén.*

Some verbs have an irregular subjunctive stem that must be memorized: *haber* (perfect auxiliary verb), *ir* (to go), *saber* (to know), and *ser* (to be). The following verb groups change the final letter in the stem due to the issue of hard/soft vowels:

- Verbs that end in *–car* (C > QU).
- Verbs that end in *–gar* (G > GU).
- Verbs that end in *–zar* (Z > C).

Imperfect Subjunctive

The imperfect tense of the subjunctive mood *(el imperfecto de subjuntivo)* is used to express the same subjectivity as the present subjunctive, but in the past. It is most commonly found in unlikely *si* (if) clauses: *Si tuviera dinero, iría.* (If I had money, I would go.)

To conjugate the imperfect subjunctive for any verb, take the third person plural preterite form, drop the *–ron* ending to find the radical, and add the appropriate endings (choosing from either the *–ra* or the *–se* group):

-ra Conjugations		-se Conjugations	
-ra	-´ramos	-se	-´semos
-ras	-rais	-ses	-seis
-ra	-ran	-se	-sen

Ⓔ **ALERT**

There are two complete sets of conjugations for the imperfect subjunctive. The *–ra* set of conjugations is more colloquial than the *–se* set.

Progressive Tenses and Moods

The progressive tenses indicate something in progress—the equivalent of "to be + –ing" in English. The progressive tenses are conjugated with *estar* as the auxiliary verb plus the present participle. For example, present progressive uses the present form of *estar: estoy estudiando* (I am studying).

The present participle in English is the "–ing" form of the verb (also known as a gerund). In Spanish, it's the *–ndo* form. The formation of the Spanish present participle is fairly easy.

1. Regular –AR verbs: Drop the infinitive ending and add *–ando; hablar–hablando.*
2. Regular –ER and –IR verbs: Drop the infinitive ending and add *–iendo; aprender–aprendiendo, escribir–escribiendo.*
3. Verbs with stems that end in vowel: Drop the infinitive and add *–yendo; leer–leyendo.*

4. –IR verbs with stem-change in third-person preterite form keep that stem change: *decir–diciendo*.
5. *Ir* (to go) has an irregular gerund: *yendo*.

Perfect Tenses and Moods

The perfect tenses use *haber* as the auxiliary verb plus the past participle. Note that "perfect" here does not mean flawless, but rather completed, indicating that perfect tenses and moods are those which describe a completed action at some point in time and possibility.

Perfect Tenses

TENSE	EXAMPLE IN *YO* FORM
present perfect	*he comido* (I have eaten)
past perfect	*había comido* (I had eaten)
future perfect	*habré comido* (I will have eaten)
conditional perfect	*habría comido* (I would have eaten)
past subjunctive	*que haya comido* (that I have eaten)
pluperfect subjunctive	*que hubiera comido* (that I had eaten)

Forming past participles isn't difficult:

1. Regular –AR verbs: Drop the infinitive ending and add *–ado*; *hablar–hablado*.
2. Regular –ER and –IR verbs: Drop the infinitive ending and add *–ido*; *aprender–aprendido, venir–venido*.
3. Verbs with radical that ends in vowel: Drop the infinitive and add *–ído*; *leer–leído*.

A few past participles are simply irregular and will have to be memorized.

Verb Charts

ABRAZAR
to hug, to embrace; to include
Spelling-change (Z > C) –AR verb

	Presente	**Subjuntivo**
yo	abrazo	abrace
tú	abrazas	abraces
él	abraza	abrace
nosotros	abrazamos	abracemos
vosotros	abrazáis	abracéis
ellos	abrazan	abracen

	Pretérito	**Imperfecto**
yo	abracé	abrazaba
tú	abrazaste	abrazabas
él	abrazó	abrazaba
nosotros	abrazamos	abrazábamos
vosotros	abrazasteis	abrazabais
ellos	abrazaron	abrazaban

	Futuro	**Potencial**
yo	abrazaré	abrazaría
tú	abrazarás	abrazarías
él	abrazará	abrazaría
nosotros	abrazaremos	abrazaríamos
vosotros	abrazaréis	abrazaríais
ellos	abrazarán	abrazarían

Imperfecto de subjuntivo	**Form 1**	**Form 2**
yo	abrazara	abrazase
tú	abrazaras	abrazases
él	abrazara	abrazase
nosotros	abrazáramos	abrazásemos
vosotros	abrazarais	abrazaseis
ellos	abrazaran	abrazasen

	Imperativo	**Gerundio**
(tú)	abraza	abrazando
	no abraces	
(Ud.)	abrace	
(nosotros)	abracemos	**Participio pasado**
(vosotros)	abrazad	abrazado
	no abracéis	
(Uds.)	abracen	

ABRIR
to open
Regular –IR verb, irregular past participle

	Presente	**Subjuntivo**
yo	abro	abra
tú	abres	abras
él	abre	abra
nosotros	abrimos	abramos
vosotros	abrís	abráis
ellos	abren	abran

	Pretérito	**Imperfecto**
yo	abrí	abría
tú	abriste	abrías
él	abrió	abría
nosotros	abrimos	abríamos
vosotros	abristeis	abríais
ellos	abrieron	abrían

	Futuro	**Potencial**
yo	abriré	abriría
tú	abrirás	abrirías
él	abrirá	abriría
nosotros	abriremos	abriríamos
vosotros	abriréis	abriríais
ellos	abrirán	abrirían

Imperfecto de subjuntivo	**Form 1**	**Form 2**
yo	abriera	abriese
tú	abrieras	abrieses
él	abriera	abriese
nosotros	abriéramos	abriésemos
vosotros	abrierais	abrieseis
ellos	abrieran	abriesen

	Imperativo	**Gerundio**
(tú)	abre	abriendo
	no abras	
(Ud.)	abra	
(nosotros)	abramos	**Participio pasado**
(vosotros)	abrid	abierto
	no abráis	
(Uds.)	abran	

ACABAR
to finish, to complete
Regular –AR verb

	Presente	Subjuntivo
yo	acabo	acabe
tú	acabas	acabes
él	acaba	acabe
nosotros	acabamos	acabemos
vosotros	acabáis	acabéis
ellos	acaban	acaben

	Pretérito	Imperfecto
yo	acabé	acababa
tú	acabaste	acababas
él	acabó	acababa
nosotros	acabamos	acabábamos
vosotros	acabasteis	acababais
ellos	acabaron	acababan

	Futuro	Potencial
yo	acabaré	acabaría
tú	acabarás	acabarías
él	acabará	acabaría
nosotros	acabaremos	acabaríamos
vosotros	acabaréis	acabaríais
ellos	acabarán	acabarían

Imperfecto de subjuntivo	Form 1	Form 2
yo	acabara	acabase
tú	acabaras	acabases
él	acabara	acabase
nosotros	acabáramos	acabásemos
vosotros	acabarais	acabaseis
ellos	acabaran	acabasen

	Imperativo	Gerundio
(tú)	acaba	acabando
	no acabes	
(Ud.)	acabe	
(nosotros)	acabemos	**Participio pasado**
(vosotros)	acabad	acabado
	no acabéis	
(Uds.)	acaben	

ACERCAR
to bring closer
Spelling-change (C > QU) –AR verb

	Presente	**Subjuntivo**
yo	acerco	acerque
tú	acercas	acerques
él	acerca	acerque
nosotros	acercamos	acerquemos
vosotros	acercáis	acerquéis
ellos	acercan	acerquen

	Pretérito	**Imperfecto**
yo	acerqué	acercaba
tú	acercaste	acercabas
él	acercó	acercaba
nosotros	acercamos	acercábamos
vosotros	acercasteis	acercabais
ellos	acercaron	acercaban

	Futuro	**Potencial**
yo	acercaré	acercaría
tú	acercarás	acercarías
él	acercará	acercaría
nosotros	acercaremos	acercaríamos
vosotros	acercaréis	acercaríais
ellos	acercarán	acercarían

Imperfecto de subjuntivo	**Form 1**	**Form 2**
yo	acercara	acercase
tú	acercaras	acercases
él	acercara	acercase
nosotros	acercáramos	acercásemos
vosotros	acercarais	acercaseis
ellos	acercaran	acercasen

	Imperativo	**Gerundio**
(tú)	acerca	acercando
	no acerques	
(Ud.)	acerque	
(nosotros)	acerquemos	**Participio pasado**
(vosotros)	acercad	acercado
	no acerquéis	
(Uds.)	acerquen	

ACORDAR

to agree, to decide; (se) to remember, to recall
Stem-changing (O > UE) –AR verb

	Presente	**Subjuntivo**
yo	acuerdo	acuerde
tú	acuerdas	acuerdes
él	acuerda	acuerde
nosotros	acordamos	acordemos
vosotros	acordáis	acordéis
ellos	acuerdan	acuerden

	Pretérito	**Imperfecto**
yo	acordé	acordaba
tú	acordaste	acordabas
él	acordó	acordaba
nosotros	acordamos	acordábamos
vosotros	acordasteis	acordabais
ellos	acordaron	acordaban

	Futuro	**Potencial**
yo	acordaré	acordaría
tú	acordarás	acordarías
él	acordará	acordaría
nosotros	acordaremos	acordaríamos
vosotros	acordaréis	acordaríais
ellos	acordarán	acordarían

Imperfecto de subjuntivo	**Form 1**	**Form 2**
yo	acordara	acordase
tú	acordaras	acordases
él	acordara	acordase
nosotros	acordáramos	acordásemos
vosotros	acordarais	acordaseis
ellos	acordaran	acordasen

	Imperativo	**Gerundio**
(tú)	acuerda	acordando
	no acuerdes	
(Ud.)	acuerde	
(nosotros)	acordemos	**Participio pasado**
(vosotros)	acordad	acordado
	no acordéis	
(Uds.)	acuerden	

ACOSTAR

to lay s.o. down, to put s.o. to bed; (se) to lie down, to go to bed
Stem-changing (O > UE) –AR verb

	Presente	**Subjuntivo**
yo	acuesto	acueste
tú	acuestas	acuestes
él	acuesta	acueste
nosotros	acostamos	acostemos
vosotros	acostáis	acostéis
ellos	acuestan	acuesten
	Pretérito	**Imperfecto**
yo	acosté	acostaba
tú	acostaste	acostabas
él	acostó	acostaba
nosotros	acostamos	acostábamos
vosotros	acostasteis	acostabais
ellos	acostaron	acostaban
	Futuro	**Potencial**
yo	acostaré	acostaría
tú	acostarás	acostarías
él	acostará	acostaría
nosotros	acostaremos	acostaríamos
vosotros	acostaréis	acostaríais
ellos	acostarán	acostarían

Imperfecto de subjuntivo	**Form 1**	**Form 2**
yo	acostara	acostase
tú	acostaras	acostases
él	acostara	acostase
nosotros	acostáramos	acostásemos
vosotros	acostarais	acostaseis
ellos	acostaran	acostasen

	Imperativo	**Gerundio**
(tú)	acuesta	acostando
	no acuestes	
(Ud.)	acueste	
(nosotros)	acostemos	**Participio pasado**
(vosotros)	acostad	acostado
	no acostéis	
(Uds.)	acuesten	

ACOSTUMBRAR

to get s.o. used to, to be in the habit of; (se) to get o.s. used to
Regular –AR verb

	Presente	**Subjuntivo**
yo	acostumbro	acostumbre
tú	acostumbras	acostumbres
él	acostumbra	acostumbre
nosotros	acostumbramos	acostumbremos
vosotros	acostumbráis	acostumbréis
ellos	acostumbran	acostumbren

	Pretérito	**Imperfecto**
yo	acostumbré	acostumbraba
tú	acostumbraste	acostumbrabas
él	acostumbró	acostumbraba
nosotros	acostumbramos	acostumbrábamos
vosotros	acostumbrasteis	acostumbrabais
ellos	acostumbraron	acostumbraban

	Futuro	**Potencial**
yo	acostumbraré	acostumbraría
tú	acostumbrarás	acostumbrarías
él	acostumbrará	acostumbraría
nosotros	acostumbraremos	acostumbraríamos
vosotros	acostumbraréis	acostumbraríais
ellos	acostumbrarán	acostumbrarían

Imperfecto de subjuntivo	**Form 1**	**Form 2**
yo	acostumbrara	acostumbrase
tú	acostumbraras	acostumbrases
él	acostumbrara	acostumbrase
nosotros	acostumbráramos	acostumbrásemos
vosotros	acostumbrarais	acostumbraseis
ellos	acostumbraran	acostumbrasen

	Imperativo	**Gerundio**
(tú)	acostumbra	acostumbrando
	no acostumbres	
(Ud.)	acostumbre	
(nosotros)	acostumbremos	**Participio pasado**
(vosotros)	acostumbrad	acostumbrado
	no acostumbréis	
(Uds.)	acostumbren	

ADVERTIR

to notice, to observe; to warn, to advise
Stem-changing (E > IE) –IR verb

	Presente	**Subjuntivo**
yo	advierto	advierta
tú	adviertes	adviertas
él	advierte	advierta
nosotros	advertimos	advirtamos
vosotros	advertís	advirtáis
ellos	advierten	adviertan

	Pretérito	**Imperfecto**
yo	advertí	advertía
tú	advertiste	advertías
él	advirtió	advertía
nosotros	advertimos	advertíamos
vosotros	advertisteis	advertíais
ellos	advirtieron	advertían

	Futuro	**Potencial**
yo	advertiré	advertiría
tú	advertirás	advertirías
él	advertirá	advertiría
nosotros	advertiremos	advertiríamos
vosotros	advertiréis	advertiríais
ellos	advertirán	advertirían

Imperfecto de subjuntivo	**Form 1**	**Form 2**
yo	advirtiera	advirtiese
tú	advirtieras	advirtieses
él	advirtiera	advirtiese
nosotros	advirtiéramos	advirtiésemos
vosotros	advirtierais	advirtieseis
ellos	advirtieran	advirtiesen

	Imperativo	**Gerundio**
(tú)	advierte	advirtiendo
	no adviertas	
(Ud.)	advierta	
(nosotros)	advirtamos	**Participio pasado**
(vosotros)	advertid	advertido
	no advirtáis	
(Uds.)	adviertan	

AFEITAR
to shave; (se) to shave o.s.
Regular –AR verb

	Presente	**Subjuntivo**
yo	afeito	afeite
tú	afeitas	afeites
él	afeita	afeite
nosotros	afeitamos	afeitemos
vosotros	afeitáis	afeitéis
ellos	afeitan	afeiten

	Pretérito	**Imperfecto**
yo	afeité	afeitaba
tú	afeitaste	afeitabas
él	afeitó	afeitaba
nosotros	afeitamos	afeitábamos
vosotros	afeitasteis	afeitabais
ellos	afeitaron	afeitaban

	Futuro	**Potencial**
yo	afeitaré	afeitaría
tú	afeitarás	afeitarías
él	afeitará	afeitaría
nosotros	afeitaremos	afeitaríamos
vosotros	afeitaréis	afeitaríais
ellos	afeitarán	afeitarían

Imperfecto de subjuntivo	**Form 1**	**Form 2**
yo	afeitara	afeitase
tú	afeitaras	afeitases
él	afeitara	afeitase
nosotros	afeitáramos	afeitásemos
vosotros	afeitarais	afeitaseis
ellos	afeitaran	afeitasen

	Imperativo	**Gerundio**
(tú)	afeita	afeitando
	no afeites	
(Ud.)	afeite	
(nosotros)	afeitemos	**Participio pasado**
(vosotros)	afeitad	afeitado
	no afeitéis	
(Uds.)	afeiten	

AGRADECER
to thank; to be thankful for
Spelling-change (C > ZC) –ER verb

	Presente	**Subjuntivo**
yo	agradezco	agradezca
tú	agradeces	agradezcas
él	agradece	agradezca
nosotros	agradecemos	agradezcamos
vosotros	agradecéis	agradezcáis
ellos	agradecen	agradezcan

	Pretérito	**Imperfecto**
yo	agradecí	agradecía
tú	agradeciste	agradecías
él	agradeció	agradecía
nosotros	agradecimos	agradecíamos
vosotros	agradecisteis	agradecíais
ellos	agradecieron	agradecían

	Futuro	**Potencial**
yo	agradeceré	agradecería
tú	agradecerás	agradecerías
él	agradecerá	agradecería
nosotros	agradeceremos	agradeceríamos
vosotros	agradeceréis	agradeceríais
ellos	agradecerán	agradecerían

Imperfecto de subjuntivo	**Form 1**	**Form 2**
yo	agradeciera	agradeciese
tú	agradecieras	agradecieses
él	agradeciera	agradeciese
nosotros	agradeciéramos	agradeciésemos
vosotros	agradecierais	agradecieseis
ellos	agradecieran	agradeciesen

	Imperativo	**Gerundio**
(tú)	agradece	agradeciendo
	no agradezcas	
(Ud.)	agradezca	
(nosotros)	agradezcamos	**Participio pasado**
(vosotros)	agradeced	agradecido
	no agradezcáis	
(Uds.)	agradezcan	

AHORRAR
to save, to economize; to avoid
Regular –AR verb

	Presente	Subjuntivo
yo	ahorro	ahorre
tú	ahorras	ahorres
él	ahorra	ahorre
nosotros	ahorramos	ahorremos
vosotros	ahorráis	ahorréis
ellos	ahorran	ahorren

	Pretérito	Imperfecto
yo	ahorré	ahorraba
tú	ahorraste	ahorrabas
él	ahorró	ahorraba
nosotros	ahorramos	ahorrábamos
vosotros	ahorrasteis	ahorrabais
ellos	ahorraron	ahorraban

	Futuro	Potencial
yo	ahorraré	ahorraría
tú	ahorrarás	ahorrarías
él	ahorrará	ahorraría
nosotros	ahorraremos	ahorraríamos
vosotros	ahorraréis	ahorraríais
ellos	ahorrarán	ahorrarían

Imperfecto de subjuntivo	Form 1	Form 2
yo	ahorrara	ahorrase
tú	ahorraras	ahorrases
él	ahorrara	ahorrase
nosotros	ahorráramos	ahorrásemos
vosotros	ahorrarais	ahorraseis
ellos	ahorraran	ahorrasen

	Imperativo	Gerundio
(tú)	ahorra	ahorrando
	no ahorres	
(Ud.)	ahorre	
(nosotros)	ahorremos	**Participio pasado**
(vosotros)	ahorrad	ahorrado
	no ahorréis	
(Uds.)	ahorren	

ALEGRAR
to make happy, to cheer up
Regular –AR verb

	Presente	**Subjuntivo**
yo	alegro	alegre
tú	alegras	alegres
él	alegra	alegre
nosotros	alegramos	alegremos
vosotros	alegráis	alegréis
ellos	alegran	alegren

	Pretérito	**Imperfecto**
yo	alegré	alegraba
tú	alegraste	alegrabas
él	alegró	alegraba
nosotros	alegramos	alegrábamos
vosotros	alegrasteis	alegrabais
ellos	alegraron	alegraban

	Futuro	**Potencial**
yo	alegraré	alegraría
tú	alegrarás	alegrarías
él	alegrará	alegraría
nosotros	alegraremos	alegraríamos
vosotros	alegraréis	alegraríais
ellos	alegrarán	alegrarían

Imperfecto de subjuntivo	**Form 1**	**Form 2**
yo	alegrara	alegrase
tú	alegraras	alegrases
él	alegrara	alegrase
nosotros	alegráramos	alegrásemos
vosotros	alegrarais	alegraseis
ellos	alegraran	alegrasen

	Imperativo	**Gerundio**
(tú)	alegra	alegrando
	no alegres	
(Ud.)	alegre	
(nosotros)	alegremos	**Participio pasado**
(vosotros)	alegrad	alegrado
	no alegréis	
(Uds.)	alegren	

ALMORZAR
to have lunch
Stem-changing (O > UE) and spelling-change (Z > C) –AR verb

	Presente	**Subjuntivo**
yo	almuerzo	almuerce
tú	almuerzas	almuerces
él	almuerza	almuerce
nosotros	almorzamos	almorcemos
vosotros	almorzáis	almorcéis
ellos	almuerzan	almuercen

	Pretérito	**Imperfecto**
yo	almorcé	almorzaba
tú	almorzaste	almorzabas
él	almorzó	almorzaba
nosotros	almorzamos	almorzábamos
vosotros	almorzasteis	almorzabais
ellos	almorzaron	almorzaban

	Futuro	**Potencial**
yo	almorzaré	almorzaría
tú	almorzarás	almorzarías
él	almorzará	almorzaría
nosotros	almorzaremos	almorzaríamos
vosotros	almorzaréis	almorzaríais
ellos	almorzarán	almorzarían

Imperfecto de subjuntivo	**Form 1**	**Form 2**
yo	almorzara	almorzase
tú	almorzaras	almorzases
él	almorzara	almorzase
nosotros	almorzáramos	almorzásemos
vosotros	almorzarais	almorzaseis
ellos	almorzaran	almorzasen

	Imperativo	**Gerundio**
(tú)	almuerza	almorzando
	no almuerces	
(Ud.)	almuerce	
(nosotros)	almorcemos	**Participio pasado**
(vosotros)	almorzad	almorzado
	no almorcéis	
(Uds.)	almuercen	

ALQUILAR
to rent
Regular –AR verb

	Presente	**Subjuntivo**
yo	alquilo	alquile
tú	alquilas	alquiles
él	alquila	alquile
nosotros	alquilamos	alquilemos
vosotros	alquiláis	alquiléis
ellos	alquilan	alquilen

	Pretérito	**Imperfecto**
yo	alquilé	alquilaba
tú	alquilaste	alquilabas
él	alquiló	alquilaba
nosotros	alquilamos	alquilábamos
vosotros	alquilasteis	alquilabais
ellos	alquilaron	alquilaban

	Futuro	**Potencial**
yo	alquilaré	alquilaría
tú	alquilarás	alquilarías
él	alquilará	alquilaría
nosotros	alquilaremos	alquilaríamos
vosotros	alquilaréis	alquilaríais
ellos	alquilarán	alquilarían

Imperfecto de subjuntivo	**Form 1**	**Form 2**
yo	alquilara	alquilase
tú	alquilaras	alquilases
él	alquilara	alquilase
nosotros	alquiláramos	alquilásemos
vosotros	alquilarais	alquilaseis
ellos	alquilaran	alquilasen

	Imperativo	**Gerundio**
(tú)	alquila	alquilando
	no alquiles	
(Ud.)	alquile	
(nosotros)	alquilemos	**Participio pasado**
(vosotros)	alquilad	alquilado
	no alquiléis	
(Uds.)	alquilen	

AMAR
to love
Regular –AR verb

	Presente	**Subjuntivo**
yo	amo	ame
tú	amas	ames
él	ama	ame
nosotros	amamos	amemos
vosotros	amáis	améis
ellos	aman	amen

	Pretérito	**Imperfecto**
yo	amé	amaba
tú	amaste	amabas
él	amó	amaba
nosotros	amamos	amábamos
vosotros	amasteis	amabais
ellos	amaron	amaban

	Futuro	**Potencial**
yo	amaré	amaría
tú	amarás	amarías
él	amará	amaría
nosotros	amaremos	amaríamos
vosotros	amaréis	amaríais
ellos	amarán	amarían

Imperfecto de subjuntivo	**Form 1**	**Form 2**
yo	amara	amase
tú	amaras	amases
él	amara	amase
nosotros	amáramos	amásemos
vosotros	amarais	amaseis
ellos	amaran	amasen

	Imperativo	**Gerundio**
(tú)	ama	amando
	no ames	
(Ud.)	ame	
(nosotros)	amemos	**Participio pasado**
(vosotros)	amad	amado
	no améis	
(Uds.)	amen	

ANDAR
to walk, to go, to travel
Regular –AR verb, irregular preterite and imperfect subjunctive

	Presente	**Subjuntivo**
yo	ando	ande
tú	andas	andes
él	anda	ande
nosotros	andamos	andemos
vosotros	andáis	andéis
ellos	andan	anden

	Pretérito	**Imperfecto**
yo	anduve	andaba
tú	anduviste	andabas
él	anduvo	andaba
nosotros	anduvimos	andábamos
vosotros	anduvisteis	andabais
ellos	anduvieron	andaban

	Futuro	**Potencial**
yo	andaré	andaría
tú	andarás	andarías
él	andará	andaría
nosotros	andaremos	andaríamos
vosotros	andaréis	andaríais
ellos	andarán	andarían

Imperfecto de subjuntivo	**Form 1**	**Form 2**
yo	anduviera	anduviese
tú	anduvieras	anduvieses
él	anduviera	anduviese
nosotros	anduviéramos	anduviésemos
vosotros	anduvierais	anduvieseis
ellos	anduvieran	anduviesen

	Imperativo	**Gerundio**
(tú)	anda	andando
	no andes	
(Ud.)	ande	
(nosotros)	andemos	**Participio pasado**
(vosotros)	andad	andado
	no andéis	
(Uds.)	anden	

AÑADIR
to add
Regular –IR verb

	Presente	**Subjuntivo**
yo	añado	añada
tú	añades	añadas
él	añade	añada
nosotros	añadimos	añadamos
vosotros	añadís	añadáis
ellos	añaden	añadan

	Pretérito	**Imperfecto**
yo	añadí	añadía
tú	añadiste	añadías
él	añadió	añadía
nosotros	añadimos	añadíamos
vosotros	añadisteis	añadíais
ellos	añadieron	añadían

	Futuro	**Potencial**
yo	añadiré	añadiría
tú	añadirás	añadirías
él	añadirá	añadiría
nosotros	añadiremos	añadiríamos
vosotros	añadiréis	añadiríais
ellos	añadirán	añadirían

Imperfecto de subjuntivo	**Form 1**	**Form 2**
yo	añadiera	añadiese
tú	añadieras	añadieses
él	añadiera	añadiese
nosotros	añadiéramos	añadiésemos
vosotros	añadierais	añadieseis
ellos	añadieran	añadiesen

	Imperativo	**Gerundio**
(tú)	añade	añadiendo
	no añadas	
(Ud.)	añada	
(nosotros)	añadamos	**Participio pasado**
(vosotros)	añadid	añadido
	no añadáis	
(Uds.)	añadan	

APAGAR
to extinguish, to turn off
Spelling-change (G > GU) –AR verb

	Presente	**Subjuntivo**
yo	apago	apague
tú	apagas	apagues
él	apaga	apague
nosotros	apagamos	apaguemos
vosotros	apagáis	apaguéis
ellos	apagan	apaguen

	Pretérito	**Imperfecto**
yo	apagué	apagaba
tú	apagaste	apagabas
él	apagó	apagaba
nosotros	apagamos	apagábamos
vosotros	apagasteis	apagabais
ellos	apagaron	apagaban

	Futuro	**Potencial**
yo	apagaré	apagaría
tú	apagarás	apagarías
él	apagará	apagaría
nosotros	apagaremos	apagaríamos
vosotros	apagaréis	apagaríais
ellos	apagarán	apagarían

Imperfecto de subjuntivo	**Form 1**	**Form 2**
yo	apagara	apagase
tú	apagaras	apagases
él	apagara	apagase
nosotros	apagáramos	apagásemos
vosotros	apagarais	apagaseis
ellos	apagaran	apagasen

	Imperativo	**Gerundio**
(tú)	apaga	apagando
	no apagues	
(Ud.)	apague	
(nosotros)	apaguemos	**Participio pasado**
(vosotros)	apagad	apagado
	no apaguéis	
(Uds.)	apaguen	

APARECER
to appear, to show up
Spelling-change (C > ZC) –ER verb

	Presente	**Subjuntivo**
yo	aparezco	aparezca
tú	apareces	aparezcas
él	aparece	aparezca
nosotros	aparecemos	aparezcamos
vosotros	aparecéis	aparezcáis
ellos	aparecen	aparezcan

	Pretérito	**Imperfecto**
yo	aparecí	aparecía
tú	apareciste	aparecías
él	apareció	aparecía
nosotros	aparecimos	aparecíamos
vosotros	aparecisteis	aparecíais
ellos	aparecieron	aparecían

	Futuro	**Potencial**
yo	apareceré	aparecería
tú	aparecerás	aparecerías
él	aparecerá	aparecería
nosotros	apareceremos	apareceríamos
vosotros	apareceréis	apareceríais
ellos	aparecerán	aparecerían

Imperfecto de subjuntivo	**Form 1**	**Form 2**
yo	apareciera	apareciese
tú	aparecieras	aparecieses
él	apareciera	apareciese
nosotros	apareciéramos	apareciésemos
vosotros	aparecierais	aparecieseis
ellos	aparecieran	apareciesen

	Imperativo	**Gerundio**
(tú)	aparece	apareciendo
	no aparezcas	
(Ud.)	aparezca	
(nosotros)	aparezcamos	**Participio pasado**
(vosotros)	apareced	aparecido
	no aparezcáis	
(Uds.)	aparezcan	

APLICAR
to apply, to assign
Spelling-change (C > QU) –AR verb

	Presente	**Subjuntivo**
yo	aplico	aplique
tú	aplicas	apliques
él	aplica	aplique
nosotros	aplicamos	apliquemos
vosotros	aplicáis	apliquéis
ellos	aplican	apliquen

	Pretérito	**Imperfecto**
yo	apliqué	aplicaba
tú	aplicaste	aplicabas
él	aplicó	aplicaba
nosotros	aplicamos	aplicábamos
vosotros	aplicasteis	aplicabais
ellos	aplicaron	aplicaban

	Futuro	**Potencial**
yo	aplicaré	aplicaría
tú	aplicarás	aplicarías
él	aplicará	aplicaría
nosotros	aplicaremos	aplicaríamos
vosotros	aplicaréis	aplicaríais
ellos	aplicarán	aplicarían

Imperfecto de subjuntivo	**Form 1**	**Form 2**
yo	aplicara	aplicase
tú	aplicaras	aplicases
él	aplicara	aplicase
nosotros	aplicáramos	aplicásemos
vosotros	aplicarais	aplicaseis
ellos	aplicaran	aplicasen

	Imperativo	**Gerundio**
(tú)	aplica	aplicando
	no apliques	
(Ud.)	aplique	
(nosotros)	apliquemos	**Participio pasado**
(vosotros)	aplicad	aplicado
	no apliquéis	
(Uds.)	apliquen	

APRENDER
to learn
Regular –ER verb

	Presente	Subjuntivo
yo	aprendo	aprenda
tú	aprendes	aprendas
él	aprende	aprenda
nosotros	aprendemos	aprendamos
vosotros	aprendéis	aprendáis
ellos	aprenden	aprendan

	Pretérito	Imperfecto
yo	aprendí	aprendía
tú	aprendiste	aprendías
él	aprendió	aprendía
nosotros	aprendimos	aprendíamos
vosotros	aprendisteis	aprendíais
ellos	aprendieron	aprendían

	Futuro	Potencial
yo	aprenderé	aprendería
tú	aprenderás	aprenderías
él	aprenderá	aprendería
nosotros	aprenderemos	aprenderíamos
vosotros	aprenderéis	aprenderíais
ellos	aprenderán	aprenderían

Imperfecto de subjuntivo	Form 1	Form 2
yo	aprendiera	aprendiese
tú	aprendieras	aprendieses
él	aprendiera	aprendiese
nosotros	aprendiéramos	aprendiésemos
vosotros	aprendierais	aprendieseis
ellos	aprendieran	aprendiesen

	Imperativo	Gerundio
(tú)	aprende	aprendiendo
	no aprendas	
(Ud.)	aprenda	
(nosotros)	aprendamos	Participio pasado
(vosotros)	aprended	aprendido
	no aprendáis	
(Uds.)	aprendan	

ARREGLAR
to arrange, to settle, to adjust
Regular –AR verb

	Presente	**Subjuntivo**
yo	arreglo	arregle
tú	arreglas	arregles
él	arregla	arregle
nosotros	arreglamos	arreglemos
vosotros	arregláis	arregléis
ellos	arreglan	arreglen

	Pretérito	**Imperfecto**
yo	arreglé	arreglaba
tú	arreglaste	arreglabas
él	arregló	arreglaba
nosotros	arreglamos	arreglábamos
vosotros	arreglasteis	arreglabais
ellos	arreglaron	arreglaban

	Futuro	**Potencial**
yo	arreglaré	arreglaría
tú	arreglarás	arreglarías
él	arreglará	arreglaría
nosotros	arreglaremos	arreglaríamos
vosotros	arreglaréis	arreglaríais
ellos	arreglarán	arreglarían

Imperfecto de subjuntivo	**Form 1**	**Form 2**
yo	arreglara	arreglase
tú	arreglaras	arreglases
él	arreglara	arreglase
nosotros	arregláramos	arreglásemos
vosotros	arreglarais	arreglaseis
ellos	arreglaran	arreglasen

	Imperativo	**Gerundio**
(tú)	arregla	arreglando
	no arregles	
(Ud.)	arregle	
(nosotros)	arreglemos	**Participio pasado**
(vosotros)	arreglad	arreglado
	no arregléis	
(Uds.)	arreglen	

ASISTIR
to attend; to serve, to wait on; to help
Regular –IR verb

	Presente	**Subjuntivo**
yo	asisto	asista
tú	asistes	asistas
él	asiste	asista
nosotros	asistimos	asistamos
vosotros	asistís	asistáis
ellos	asisten	asistan

	Pretérito	**Imperfecto**
yo	asistí	asistía
tú	asististe	asistías
él	asistió	asistía
nosotros	asistimos	asistíamos
vosotros	asististeis	asistíais
ellos	asistieron	asistían

	Futuro	**Potencial**
yo	asistiré	asistiría
tú	asistirás	asistirías
él	asistirá	asistiría
nosotros	asistiremos	asistiríamos
vosotros	asistiréis	asistiríais
ellos	asistirán	asistirían

Imperfecto de subjuntivo	**Form 1**	**Form 2**
yo	asistiera	asistiese
tú	asistieras	asistieses
él	asistiera	asistiese
nosotros	asistiéramos	asistiésemos
vosotros	asistierais	asistieseis
ellos	asistieran	asistiesen

	Imperativo	**Gerundio**
(tú)	asiste	asistiendo
	no asistas	
(Ud.)	asista	
(nosotros)	asistamos	**Participio pasado**
(vosotros)	asistid	asistido
	no asistáis	
(Uds.)	asistan	

ATERRIZAR
to land, to disembark
Spelling-change (Z > C) –AR verb

	Presente	**Subjuntivo**
yo	aterrizo	aterrice
tú	aterrizas	aterrices
él	aterriza	aterrice
nosotros	aterrizamos	aterricemos
vosotros	aterrizáis	aterricéis
ellos	aterrizan	aterricen

	Pretérito	**Imperfecto**
yo	aterricé	aterrizaba
tú	aterrizaste	aterrizabas
él	aterrizó	aterrizaba
nosotros	aterrizamos	aterrizábamos
vosotros	aterrizasteis	aterrizabais
ellos	aterrizaron	aterrizaban

	Futuro	**Potencial**
yo	aterrizaré	aterrizaría
tú	aterrizarás	aterrizarías
él	aterrizará	aterrizaría
nosotros	aterrizaremos	aterrizaríamos
vosotros	aterrizaréis	aterrizaríais
ellos	aterrizarán	aterrizarían

Imperfecto de subjuntivo	**Form 1**	**Form 2**
yo	aterrizara	aterrizase
tú	aterrizaras	aterrizases
él	aterrizara	aterrizase
nosotros	aterrizáramos	aterrizásemos
vosotros	aterrizarais	aterrizaseis
ellos	aterrizaran	aterrizasen

	Imperativo	**Gerundio**
(tú)	aterriza	aterrizando
	no aterrices	
(Ud.)	aterrice	
(nosotros)	aterricemos	**Participio pasado**
(vosotros)	aterrizad	aterrizado
	no aterricéis	
(Uds.)	aterricen	

AVERIGUAR
to find out, to ascertain
Spelling-change (U > Ü in front of E) –AR verb

	Presente	**Subjuntivo**
yo	averiguo	averigüe
tú	averiguas	averigües
él	averigua	averigüe
nosotros	averiguamos	averigüemos
vosotros	averiguáis	averigüéis
ellos	averiguan	averigüen

	Pretérito	**Imperfecto**
yo	averigüé	averiguaba
tú	averiguaste	averiguabas
él	averiguó	averiguaba
nosotros	averiguamos	averiguábamos
vosotros	averiguasteis	averiguabais
ellos	averiguaron	averiguaban

	Futuro	**Potencial**
yo	averiguaré	averiguaría
tú	averiguarás	averiguarías
él	averiguará	averiguaría
nosotros	averiguaremos	averiguaríamos
vosotros	averiguaréis	averiguaríais
ellos	averiguarán	averiguarían

Imperfecto de subjuntivo	**Form 1**	**Form 2**
yo	averiguara	averiguase
tú	averiguaras	averiguases
él	averiguara	averiguase
nosotros	averiguáramos	averiguásemos
vosotros	averiguarais	averiguaseis
ellos	averiguaran	averiguasen

	Imperativo	**Gerundio**
(tú)	averigua	averiguando
	no averigües	
(Ud.)	averigüe	
(nosotros)	averigüemos	**Participio pasado**
(vosotros)	averiguad	averiguado
	no averigüéis	
(Uds.)	averigüen	

AYUDAR
to help
Regular –AR verb

	Presente	**Subjuntivo**
yo	ayudo	ayude
tú	ayudas	ayudes
él	ayuda	ayude
nosotros	ayudamos	ayudemos
vosotros	ayudáis	ayudéis
ellos	ayudan	ayuden

	Pretérito	**Imperfecto**
yo	ayudé	ayudaba
tú	ayudaste	ayudabas
él	ayudó	ayudaba
nosotros	ayudamos	ayudábamos
vosotros	ayudasteis	ayudabais
ellos	ayudaron	ayudaban

	Futuro	**Potencial**
yo	ayudaré	ayudaría
tú	ayudarás	ayudarías
él	ayudará	ayudaría
nosotros	ayudaremos	ayudaríamos
vosotros	ayudaréis	ayudaríais
ellos	ayudarán	ayudarían

Imperfecto de subjuntivo	**Form 1**	**Form 2**
yo	ayudara	ayudase
tú	ayudaras	ayudases
él	ayudara	ayudase
nosotros	ayudáramos	ayudásemos
vosotros	ayudarais	ayudaseis
ellos	ayudaran	ayudasen

	Imperativo	**Gerundio**
(tú)	ayuda	ayudando
	no ayudes	
(Ud.)	ayude	
(nosotros)	ayudemos	**Participio pasado**
(vosotros)	ayudad	ayudado
	no ayudéis	
(Uds.)	ayuden	

BAILAR
to dance
Regular –AR verb

	Presente	Subjuntivo
yo	bailo	baile
tú	bailas	bailes
él	baila	baile
nosotros	bailamos	bailemos
vosotros	bailáis	bailéis
ellos	bailan	bailen

	Pretérito	Imperfecto
yo	bailé	bailaba
tú	bailaste	bailabas
él	bailó	bailaba
nosotros	bailamos	bailábamos
vosotros	bailasteis	bailabais
ellos	bailaron	bailaban

	Futuro	Potencial
yo	bailaré	bailaría
tú	bailarás	bailarías
él	bailará	bailaría
nosotros	bailaremos	bailaríamos
vosotros	bailaréis	bailaríais
ellos	bailarán	bailarían

Imperfecto de subjuntivo	Form 1	Form 2
yo	bailara	bailase
tú	bailaras	bailases
él	bailara	bailase
nosotros	bailáramos	bailásemos
vosotros	bailarais	bailaseis
ellos	bailaran	bailasen

	Imperativo	Gerundio
(tú)	baila	bailando
	no bailes	
(Ud.)	baile	
(nosotros)	bailemos	**Participio pasado**
(vosotros)	bailad	bailado
	no bailéis	
(Uds.)	bailen	

BAÑAR

to bathe s.o., to immerse; (se) to bathe o.s., to take a bath
Regular –AR verb

	Presente	**Subjuntivo**
yo	baño	bañe
tú	bañas	bañes
él	baña	bañe
nosotros	bañamos	bañemos
vosotros	bañáis	bañéis
ellos	bañan	bañen

	Pretérito	**Imperfecto**
yo	bañé	bañaba
tú	bañaste	bañabas
él	bañó	bañaba
nosotros	bañamos	bañábamos
vosotros	bañasteis	bañabais
ellos	bañaron	bañaban

	Futuro	**Potencial**
yo	bañaré	bañaría
tú	bañarás	bañarías
él	bañará	bañaría
nosotros	bañaremos	bañaríamos
vosotros	bañaréis	bañaríais
ellos	bañarán	bañarían

Imperfecto de subjuntivo	**Form 1**	**Form 2**
yo	bañara	bañase
tú	bañaras	bañases
él	bañara	bañase
nosotros	bañáramos	bañásemos
vosotros	bañarais	bañaseis
ellos	bañaran	bañasen

	Imperativo	**Gerundio**
(tú)	baña	bañando
	no bañes	
(Ud.)	bañe	
(nosotros)	bañemos	**Participio pasado**
(vosotros)	bañad	bañado
	no bañéis	
(Uds.)	bañen	

BEBER
to drink
Regular –ER verb

	Presente	**Subjuntivo**
yo	bebo	beba
tú	bebes	bebas
él	bebe	beba
nosotros	bebemos	bebamos
vosotros	bebéis	bebáis
ellos	beben	beban

	Pretérito	**Imperfecto**
yo	bebí	bebía
tú	bebiste	bebías
él	bebió	bebía
nosotros	bebimos	bebíamos
vosotros	bebisteis	bebíais
ellos	bebieron	bebían

	Futuro	**Potencial**
yo	beberé	bebería
tú	beberás	beberías
él	beberá	bebería
nosotros	beberemos	beberíamos
vosotros	beberéis	beberíais
ellos	beberán	beberían

Imperfecto de subjuntivo	**Form 1**	**Form 2**
yo	bebiera	bebiese
tú	bebieras	bebieses
él	bebiera	bebiese
nosotros	bebiéramos	bebiésemos
vosotros	bebierais	bebieseis
ellos	bebieran	bebiesen

	Imperativo	**Gerundio**
(tú)	bebe	bebiendo
	no bebas	
(Ud.)	beba	
(nosotros)	bebamos	**Participio pasado**
(vosotros)	bebed	bebido
	no bebáis	
(Uds.)	beban	

BUSCAR
to look for, to search
Spelling-change (C > QU) –AR verb

	Presente	**Subjuntivo**
yo	busco	busque
tú	buscas	busques
él	busca	busque
nosotros	buscamos	busquemos
vosotros	buscáis	busquéis
ellos	buscan	busquen

	Pretérito	**Imperfecto**
yo	busqué	buscaba
tú	buscaste	buscabas
él	buscó	buscaba
nosotros	buscamos	buscábamos
vosotros	buscasteis	buscabais
ellos	buscaron	buscaban

	Futuro	**Potencial**
yo	buscaré	buscaría
tú	buscarás	buscarías
él	buscará	buscaría
nosotros	buscaremos	buscaríamos
vosotros	buscaréis	buscaríais
ellos	buscarán	buscarían

Imperfecto de subjuntivo	**Form 1**	**Form 2**
yo	buscara	buscase
tú	buscaras	buscases
él	buscara	buscase
nosotros	buscáramos	buscásemos
vosotros	buscarais	buscaseis
ellos	buscaran	buscasen

	Imperativo	**Gerundio**
(tú)	busca	buscando
	no busques	
(Ud.)	busque	
(nosotros)	busquemos	**Participio pasado**
(vosotros)	buscad	buscado
	no busquéis	
(Uds.)	busquen	

CABER
to fit; to be possible
Irregular –ER verb

	Presente	Subjuntivo
yo	quepo	quepa
tú	cabes	quepas
él	cabe	quepa
nosotros	cabemos	quepamos
vosotros	cabéis	quepáis
ellos	caben	quepan

	Pretérito	Imperfecto
yo	cupe	cabía
tú	cupiste	cabías
él	cupo	cabía
nosotros	cupimos	cabíamos
vosotros	cupisteis	cabíais
ellos	cupieron	cabían

	Futuro	Potencial
yo	cabré	cabría
tú	cabrás	cabrías
él	cabrá	cabría
nosotros	cabremos	cabríamos
vosotros	cabréis	cabríais
ellos	cabrán	cabrían

Imperfecto de subjuntivo	Form 1	Form 2
yo	cupiera	cupiese
tú	cupieras	cupieses
él	cupiera	cupiese
nosotros	cupiéramos	cupiésemos
vosotros	cupierais	cupieseis
ellos	cupieran	cupiesen

	Imperativo	Gerundio
(tú)	cabe	cabiendo
	no quepas	
(Ud.)	quepa	
(nosotros)	quepamos	Participio pasado
(vosotros)	cabed	cabido
	no quepáis	
(Uds.)	quepan	

CAER
to fall, to collapse
Irregular –ER verb

	Presente	**Subjuntivo**
yo	caigo	caiga
tú	caes	caigas
él	cae	caiga
nosotros	caemos	caigamos
vosotros	caéis	caigáis
ellos	caen	caigan

	Pretérito	**Imperfecto**
yo	caí	caía
tú	caíste	caías
él	cayó	caía
nosotros	caímos	caíamos
vosotros	caísteis	caíais
ellos	cayeron	caían

	Futuro	**Potencial**
yo	caeré	caería
tú	caerás	caerías
él	caerá	caería
nosotros	caeremos	caeríamos
vosotros	caeréis	caeríais
ellos	caerán	caerían

Imperfecto de subjuntivo	**Form 1**	**Form 2**
yo	cayera	cayese
tú	cayeras	cayeses
él	cayera	cayese
nosotros	cayéramos	cayésemos
vosotros	cayerais	cayeseis
ellos	cayeran	cayesen

	Imperativo	**Gerundio**
(tú)	cae	cayendo
	no caigas	
(Ud.)	caiga	
(nosotros)	caigamos	**Participio pasado**
(vosotros)	caed	caído
	no caigáis	
(Uds.)	caigan	

CALENTAR
to warm, to heat
Stem-changing (E > IE) –AR verb

	Presente	**Subjuntivo**
yo	caliento	caliente
tú	calientas	calientes
él	calienta	caliente
nosotros	calentamos	calentemos
vosotros	calentáis	calentéis
ellos	calientan	calienten

	Pretérito	**Imperfecto**
yo	calenté	calentaba
tú	calentaste	calentabas
él	calentó	calentaba
nosotros	calentamos	calentábamos
vosotros	calentasteis	calentabais
ellos	calentaron	calentaban

	Futuro	**Potencial**
yo	calentaré	calentaría
tú	calentarás	calentarías
él	calentará	calentaría
nosotros	calentaremos	calentaríamos
vosotros	calentaréis	calentaríais
ellos	calentarán	calentarían

Imperfecto de subjuntivo	**Form 1**	**Form 2**
yo	calentara	calentase
tú	calentaras	calentases
él	calentara	calentase
nosotros	calentáramos	calentásemos
vosotros	calentarais	calentaseis
ellos	calentaran	calentasen

	Imperativo	**Gerundio**
(tú)	calienta	calentando
	no calientes	
(Ud.)	caliente	
(nosotros)	calentemos	**Participio pasado**
(vosotros)	calentad	calentado
	no calentéis	
(Uds.)	calienten	

CAMBIAR
to change
Regular –AR verb

	Presente	**Subjuntivo**
yo	cambio	cambie
tú	cambias	cambies
él	cambia	cambie
nosotros	cambiamos	cambiemos
vosotros	cambiáis	cambiéis
ellos	cambian	cambien

	Pretérito	**Imperfecto**
yo	cambié	cambiaba
tú	cambiaste	cambiabas
él	cambió	cambiaba
nosotros	cambiamos	cambiábamos
vosotros	cambiasteis	cambiabais
ellos	cambiaron	cambiaban

	Futuro	**Potencial**
yo	cambiaré	cambiaría
tú	cambiarás	cambiarías
él	cambiará	cambiaría
nosotros	cambiaremos	cambiaríamos
vosotros	cambiaréis	cambiaríais
ellos	cambiarán	cambiarían

Imperfecto de subjuntivo	**Form 1**	**Form 2**
yo	cambiara	cambiase
tú	cambiaras	cambiases
él	cambiara	cambiase
nosotros	cambiáramos	cambiásemos
vosotros	cambiarais	cambiaseis
ellos	cambiaran	cambiasen

	Imperativo	**Gerundio**
(tú)	cambia	cambiando
	no cambies	
(Ud.)	cambie	
(nosotros)	cambiemos	**Participio pasado**
(vosotros)	cambiad	cambiado
	no cambiéis	
(Uds.)	cambien	

CAMINAR
to walk, to move, to go
Regular –AR verb

	Presente	**Subjuntivo**
yo	camino	camine
tú	caminas	camines
él	camina	camine
nosotros	caminamos	caminemos
vosotros	camináis	caminéis
ellos	caminan	caminen

	Pretérito	**Imperfecto**
yo	caminé	caminaba
tú	caminaste	caminabas
él	caminó	caminaba
nosotros	caminamos	caminábamos
vosotros	caminasteis	caminabais
ellos	caminaron	caminaban

	Futuro	**Potencial**
yo	caminaré	caminaría
tú	caminarás	caminarías
él	caminará	caminaría
nosotros	caminaremos	caminaríamos
vosotros	caminaréis	caminaríais
ellos	caminarán	caminarían

Imperfecto de subjuntivo	**Form 1**	**Form 2**
yo	caminara	caminase
tú	caminaras	caminases
él	caminara	caminase
nosotros	camináramos	caminásemos
vosotros	caminarais	caminaseis
ellos	caminaran	caminasen

	Imperativo	**Gerundio**
(tú)	camina	caminando
	no camines	
(Ud.)	camine	
(nosotros)	caminemos	**Participio pasado**
(vosotros)	caminad	caminado
	no caminéis	
(Uds.)	caminen	

CANTAR
to sing, to chant
Regular –AR verb

	Presente	**Subjuntivo**
yo	canto	cante
tú	cantas	cantes
él	canta	cante
nosotros	cantamos	cantemos
vosotros	cantáis	cantéis
ellos	cantan	canten

	Pretérito	**Imperfecto**
yo	canté	cantaba
tú	cantaste	cantabas
él	cantó	cantaba
nosotros	cantamos	cantábamos
vosotros	cantasteis	cantabais
ellos	cantaron	cantaban

	Futuro	**Potencial**
yo	cantaré	cantaría
tú	cantarás	cantarías
él	cantará	cantaría
nosotros	cantaremos	cantaríamos
vosotros	cantaréis	cantaríais
ellos	cantarán	cantarían

Imperfecto de subjuntivo	**Form 1**	**Form 2**
yo	cantara	cantase
tú	cantaras	cantases
él	cantara	cantase
nosotros	cantáramos	cantásemos
vosotros	cantarais	cantaseis
ellos	cantaran	cantasen

	Imperativo	**Gerundio**
(tú)	canta	cantando
	no cantes	
(Ud.)	cante	
(nosotros)	cantemos	**Participio pasado**
(vosotros)	cantad	cantado
	no cantéis	
(Uds.)	canten	

CASAR
to marry, to pair, to couple; (se) to get married
Regular –AR verb

	Presente	**Subjuntivo**
yo	caso	case
tú	casas	cases
él	casa	case
nosotros	casamos	casemos
vosotros	casáis	caséis
ellos	casan	casen

	Pretérito	**Imperfecto**
yo	casé	casaba
tú	casaste	casabas
él	casó	casaba
nosotros	casamos	casábamos
vosotros	casasteis	casabais
ellos	casaron	casaban

	Futuro	**Potencial**
yo	casaré	casaría
tú	casarás	casarías
él	casará	casaría
nosotros	casaremos	casaríamos
vosotros	casaréis	casaríais
ellos	casarán	casarían

Imperfecto de subjuntivo	**Form 1**	**Form 2**
yo	casara	casase
tú	casaras	casases
él	casara	casase
nosotros	casáramos	casásemos
vosotros	casarais	casaseis
ellos	casaran	casasen

	Imperativo	**Gerundio**
(tú)	casa	casando
	no cases	
(Ud.)	case	
(nosotros)	casemos	**Participio pasado**
(vosotros)	casad	casado
	no caséis	
(Uds.)	casen	

CENAR
to have dinner
Regular –AR verb

	Presente	**Subjuntivo**
yo	ceno	cene
tú	cenas	cenes
él	cena	cene
nosotros	cenamos	cenemos
vosotros	cenáis	cenéis
ellos	cenan	cenen

	Pretérito	**Imperfecto**
yo	cené	cenaba
tú	cenaste	cenabas
él	cenó	cenaba
nosotros	cenamos	cenábamos
vosotros	cenasteis	cenabais
ellos	cenaron	cenaban

	Futuro	**Potencial**
yo	cenaré	cenaría
tú	cenarás	cenarías
él	cenará	cenaría
nosotros	cenaremos	cenaríamos
vosotros	cenaréis	cenaríais
ellos	cenarán	cenarían

Imperfecto de subjuntivo	**Form 1**	**Form 2**
yo	cenara	cenase
tú	cenaras	cenases
él	cenara	cenase
nosotros	cenáramos	cenásemos
vosotros	cenarais	cenaseis
ellos	cenaran	cenasen

	Imperativo	**Gerundio**
(tú)	cena	cenando
	no cenes	
(Ud.)	cene	
(nosotros)	cenemos	**Participio pasado**
(vosotros)	cenad	cenado
	no cenéis	
(Uds.)	cenen	

CEÑIR
to surround; to shorten; (se) to put something on; to tighten one's belt
Stem-changing (E > I) –IR verb, unstressed I after Ñ is dropped

	Presente	**Subjuntivo**
yo	ciño	ciña
tú	ciñes	ciñas
él	ciñe	ciña
nosotros	ceñimos	ciñamos
vosotros	ceñís	ciñáis
ellos	ciñen	ciñan

	Pretérito	**Imperfecto**
yo	ceñí	ceñía
tú	ceñiste	ceñías
él	ciñó	ceñía
nosotros	ceñimos	ceñíamos
vosotros	ceñisteis	ceñíais
ellos	ciñeron	ceñían

	Futuro	**Potencial**
yo	ceñiré	ceñiría
tú	ceñirás	ceñirías
él	ceñirá	ceñiría
nosotros	ceñiremos	ceñiríamos
vosotros	ceñiréis	ceñiríais
ellos	ceñirán	ceñirían

Imperfecto de subjuntivo	**Form 1**	**Form 2**
yo	ciñera	ciñese
tú	ciñeras	ciñeses
él	ciñera	ciñese
nosotros	ciñéramos	ciñésemos
vosotros	ciñerais	ciñeseis
ellos	ciñeran	ciñesen

	Imperativo	**Gerundio**
(tú)	ciñe	ciñendo
	no ciñas	
(Ud.)	ciña	
(nosotros)	ciñamos	**Participio pasado**
(vosotros)	ceñid	ceñido
	no ciñáis	
(Uds.)	ciñan	

CERRAR
to close, to obstruct
Stem-changing (E > IE) –AR verb

	Presente	**Subjuntivo**
yo	cierro	cierre
tú	cierras	cierres
él	cierra	cierre
nosotros	cerramos	cerremos
vosotros	cerráis	cerréis
ellos	cierran	cierren

	Pretérito	**Imperfecto**
yo	cerré	cerraba
tú	cerraste	cerrabas
él	cerró	cerraba
nosotros	cerramos	cerrábamos
vosotros	cerrasteis	cerrabais
ellos	cerraron	cerraban

	Futuro	**Potencial**
yo	cerraré	cerraría
tú	cerrarás	cerrarías
él	cerrará	cerraría
nosotros	cerraremos	cerraríamos
vosotros	cerraréis	cerraríais
ellos	cerrarán	cerrarían

Imperfecto de subjuntivo	**Form 1**	**Form 2**
yo	cerrara	cerrase
tú	cerraras	cerrases
él	cerrara	cerrase
nosotros	cerráramos	cerrásemos
vosotros	cerrarais	cerraseis
ellos	cerraran	cerrasen

	Imperativo	**Gerundio**
(tú)	cierra	cerrando
	no cierres	
(Ud.)	cierre	
(nosotros)	cerremos	**Participio pasado**
(vosotros)	cerrad	cerrado
	no cerréis	
(Uds.)	cierren	

COCER
to cook, to bake; (se) to suffer greatly
Stem-changing (O > UE) and spelling change (C > Z) –ER verb

	Presente	**Subjuntivo**
yo	cuezo	cueza
tú	cueces	cuezas
él	cuece	cueza
nosotros	cocemos	cozamos
vosotros	cocéis	cozáis
ellos	cuecen	cuezan

	Pretérito	**Imperfecto**
yo	cocí	cocía
tú	cociste	cocías
él	coció	cocía
nosotros	cocimos	cocíamos
vosotros	cocisteis	cocíais
ellos	cocieron	cocían

	Futuro	**Potencial**
yo	coceré	cocería
tú	cocerás	cocerías
él	cocerá	cocería
nosotros	coceremos	coceríamos
vosotros	coceréis	coceríais
ellos	cocerán	cocerían

Imperfecto de subjuntivo	**Form 1**	**Form 2**
yo	cociera	cociese
tú	cocieras	cocieses
él	cociera	cociese
nosotros	cociéramos	cociésemos
vosotros	cocierais	cocieseis
ellos	cocieran	cociesen

	Imperativo	**Gerundio**
(tú)	cuece	cociendo
	no cuezas	
(Ud.)	cueza	
(nosotros)	cozamos	**Participio pasado**
(vosotros)	coced	cocido
	no cozáis	
(Uds.)	cuezan	

COCINAR
to cook
Regular –AR verb

	Presente	**Subjuntivo**
yo	cocino	cocine
tú	cocinas	cocines
él	cocina	cocine
nosotros	cocinamos	cocinemos
vosotros	cocináis	cocinéis
ellos	cocinan	cocinen

	Pretérito	**Imperfecto**
yo	cociné	cocinaba
tú	cocinaste	cocinabas
él	cocinó	cocinaba
nosotros	cocinamos	cocinábamos
vosotros	cocinasteis	cocinabais
ellos	cocinaron	cocinaban

	Futuro	**Potencial**
yo	cocinaré	cocinaría
tú	cocinarás	cocinarías
él	cocinará	cocinaría
nosotros	cocinaremos	cocinaríamos
vosotros	cocinaréis	cocinaríais
ellos	cocinarán	cocinarían

Imperfecto de subjuntivo	**Form 1**	**Form 2**
yo	cocinara	cocinase
tú	cocinaras	cocinases
él	cocinara	cocinase
nosotros	cocináramos	cocinásemos
vosotros	cocinarais	cocinaseis
ellos	cocinaran	cocinasen

	Imperativo	**Gerundio**
(tú)	cocina	cocinando
	no cocines	
(Ud.)	cocine	
(nosotros)	cocinemos	**Participio pasado**
(vosotros)	cocinad	cocinado
	no cocinéis	
(Uds.)	cocinen	

COGER
to catch, to grasp, to gather
Spelling-change (G > J) –ER verb

	Presente	**Subjuntivo**
yo	cojo	coja
tú	coges	cojas
él	coge	coja
nosotros	cogemos	cojamos
vosotros	cogéis	cojáis
ellos	cogen	cojan

	Pretérito	**Imperfecto**
yo	cogí	cogía
tú	cogiste	cogías
él	cogió	cogía
nosotros	cogimos	cogíamos
vosotros	cogisteis	cogíais
ellos	cogieron	cogían

	Futuro	**Potencial**
yo	cogeré	cogería
tú	cogerás	cogerías
él	cogerá	cogería
nosotros	cogeremos	cogeríamos
vosotros	cogeréis	cogeríais
ellos	cogerán	cogerían

Imperfecto de subjuntivo	**Form 1**	**Form 2**
yo	cogiera	cogiese
tú	cogieras	cogieses
él	cogiera	cogiese
nosotros	cogiéramos	cogiésemos
vosotros	cogierais	cogieseis
ellos	cogieran	cogiesen

	Imperativo	**Gerundio**
(tú)	coge	cogiendo
	no cojas	
(Ud.)	coja	
(nosotros)	cojamos	**Participio pasado**
(vosotros)	coged	cogido
	no cojáis	
(Uds.)	cojan	

COMENZAR
to begin, to commence
Stem-changing (E > IE) and spelling-change (Z > C) –AR verb

	Presente	**Subjuntivo**
yo	comienzo	comience
tú	comienzas	comiences
él	comienza	comience
nosotros	comenzamos	comencemos
vosotros	comenzáis	comencéis
ellos	comienzan	comiencen

	Pretérito	**Imperfecto**
yo	comencé	comenzaba
tú	comenzaste	comenzabas
él	comenzó	comenzaba
nosotros	comenzamos	comenzábamos
vosotros	comenzasteis	comenzabais
ellos	comenzaron	comenzaban

	Futuro	**Potencial**
yo	comenzaré	comenzaría
tú	comenzarás	comenzarías
él	comenzará	comenzaría
nosotros	comenzaremos	comenzaríamos
vosotros	comenzaréis	comenzaríais
ellos	comenzarán	comenzarían

Imperfecto de subjuntivo	**Form 1**	**Form 2**
yo	comenzara	comenzase
tú	comenzaras	comenzases
él	comenzara	comenzase
nosotros	comenzáramos	comenzásemos
vosotros	comenzarais	comenzaseis
ellos	comenzaran	comenzasen

	Imperativo	**Gerundio**
(tú)	comienza	comenzando
	no comiences	
(Ud.)	comience	
(nosotros)	comencemos	**Participio pasado**
(vosotros)	comenzad	comenzado
	no comencéis	
(Uds.)	comiencen	

COMER
to eat
Regular –ER verb

	Presente	**Subjuntivo**
yo	como	coma
tú	comes	comas
él	come	coma
nosotros	comemos	comamos
vosotros	coméis	comáis
ellos	comen	coman

	Pretérito	**Imperfecto**
yo	comí	comía
tú	comiste	comías
él	comió	comía
nosotros	comimos	comíamos
vosotros	comisteis	comíais
ellos	comieron	comían

	Futuro	**Potencial**
yo	comeré	comería
tú	comerás	comerías
él	comerá	comería
nosotros	comeremos	comeríamos
vosotros	comeréis	comeríais
ellos	comerán	comerían

Imperfecto de subjuntivo	**Form 1**	**Form 2**
yo	comiera	comiese
tú	comieras	comieses
él	comiera	comiese
nosotros	comiéramos	comiésemos
vosotros	comierais	comieseis
ellos	comieran	comiesen

	Imperativo	**Gerundio**
(tú)	come	comiendo
	no comas	
(Ud.)	coma	
(nosotros)	comamos	**Participio pasado**
(vosotros)	comed	comido
	no comáis	
(Uds.)	coman	

COMPRAR
to buy
Regular –AR verb

	Presente	**Subjuntivo**
yo	compro	compre
tú	compras	compres
él	compra	compre
nosotros	compramos	compremos
vosotros	compráis	compréis
ellos	compran	compren

	Pretérito	**Imperfecto**
yo	compré	compraba
tú	compraste	comprabas
él	compró	compraba
nosotros	compramos	comprábamos
vosotros	comprasteis	comprabais
ellos	compraron	compraban

	Futuro	**Potencial**
yo	compraré	compraría
tú	comprarás	comprarías
él	comprará	compraría
nosotros	compraremos	compraríamos
vosotros	compraréis	compraríais
ellos	comprarán	comprarían

Imperfecto de subjuntivo	**Form 1**	**Form 2**
yo	comprara	comprase
tú	compraras	comprases
él	comprara	comprase
nosotros	compráramos	comprásemos
vosotros	comprarais	compraseis
ellos	compraran	comprasen

	Imperativo	**Gerundio**
(tú)	compra	comprando
	no compres	
(Ud.)	compre	
(nosotros)	compremos	**Participio pasado**
(vosotros)	comprad	comprado
	no compréis	
(Uds.)	compren	

COMPRENDER
to comprise, to include; to understand
Regular –ER verb

	Presente	**Subjuntivo**
yo	comprendo	comprenda
tú	comprendes	comprendas
él	comprende	comprenda
nosotros	comprendemos	comprendamos
vosotros	comprendéis	comprendáis
ellos	comprenden	comprendan

	Pretérito	**Imperfecto**
yo	comprendí	comprendía
tú	comprendiste	comprendías
él	comprendió	comprendía
nosotros	comprendimos	comprendíamos
vosotros	comprendisteis	comprendíais
ellos	comprendieron	comprendían

	Futuro	**Potencial**
yo	comprenderé	comprendería
tú	comprenderás	comprenderías
él	comprenderá	comprendería
nosotros	comprenderemos	comprenderíamos
vosotros	comprenderéis	comprenderíais
ellos	comprenderán	comprenderían

Imperfecto de subjuntivo	**Form 1**	**Form 2**
yo	comprendiera	comprendiese
tú	comprendieras	comprendieses
él	comprendiera	comprendiese
nosotros	comprendiéramos	comprendiésemos
vosotros	comprendierais	comprendieseis
ellos	comprendieran	comprendiesen

	Imperativo	**Gerundio**
(tú)	comprende	comprendiendo
	no comprendas	
(Ud.)	comprenda	
(nosotros)	comprendamos	**Participio pasado**
(vosotros)	comprended	comprendido
	no comprendáis	
(Uds.)	comprendan	

COMUNICAR

to communicate; to connect
Spelling-change (C > QU) –AR verb

	Presente	**Subjuntivo**
yo	comunico	comunique
tú	comunicas	comuniques
él	comunica	comunique
nosotros	comunicamos	comuniquemos
vosotros	comunicáis	comuniquéis
ellos	comunican	comuniquen

	Pretérito	**Imperfecto**
yo	comuniqué	comunicaba
tú	comunicaste	comunicabas
él	comunicó	comunicaba
nosotros	comunicamos	comunicábamos
vosotros	comunicasteis	comunicabais
ellos	comunicaron	comunicaban

	Futuro	**Potencial**
yo	comunicaré	comunicaría
tú	comunicarás	comunicarías
él	comunicará	comunicaría
nosotros	comunicaremos	comunicaríamos
vosotros	comunicaréis	comunicaríais
ellos	comunicarán	comunicarían

Imperfecto de subjuntivo	**Form 1**	**Form 2**
yo	comunicara	comunicase
tú	comunicaras	comunicases
él	comunicara	comunicase
nosotros	comunicáramos	comunicásemos
vosotros	comunicarais	comunicaseis
ellos	comunicaran	comunicasen

	Imperativo	**Gerundio**
(tú)	comunica	comunicando
	no comuniques	
(Ud.)	comunique	
(nosotros)	comuniquemos	**Participio pasado**
(vosotros)	comunicad	comunicado
	no comuniquéis	
(Uds.)	comuniquen	

CONDUCIR

to lead, to drive, to conduct
Spelling-change (C > ZC) –IR verb, irregular preterite
and imperfect subjunctive

	Presente	**Subjuntivo**
yo	conduzco	conduzca
tú	conduces	conduzcas
él	conduce	conduzca
nosotros	conducimos	conduzcamos
vosotros	conducís	conduzcáis
ellos	conducen	conduzcan

	Pretérito	**Imperfecto**
yo	conduje	conducía
tú	condujiste	conducías
él	condujo	conducía
nosotros	condujimos	conducíamos
vosotros	condujisteis	conducíais
ellos	condujeron	conducían

	Futuro	**Potencial**
yo	conduciré	conduciría
tú	conducirás	conducirías
él	conducirá	conduciría
nosotros	conduciremos	conduciríamos
vosotros	conduciréis	conduciríais
ellos	conducirán	conducirían

Imperfecto de subjuntivo	**Form 1**	**Form 2**
yo	condujera	condujese
tú	condujeras	condujeses
él	condujera	condujese
nosotros	condujéramos	condujésemos
vosotros	condujerais	condujeseis
ellos	condujeran	condujesen

	Imperativo	**Gerundio**
(tú)	conduce	conduciendo
	no conduzcas	
(Ud.)	conduzca	
(nosotros)	conduzcamos	**Participio pasado**
(vosotros)	conducid	conducido
	no conduzcáis	
(Uds.)	conduzcan	

CONOCER
to know, to be acquainted with; to meet
Spelling-change (C > ZC) –ER verb

	Presente	**Subjuntivo**
yo	conozco	conozca
tú	conoces	conozcas
él	conoce	conozca
nosotros	conocemos	conozcamos
vosotros	conocéis	conozcáis
ellos	conocen	conozcan

	Pretérito	**Imperfecto**
yo	conocí	conocía
tú	conociste	conocías
él	conoció	conocía
nosotros	conocimos	conocíamos
vosotros	conocisteis	conocíais
ellos	conocieron	conocían

	Futuro	**Potencial**
yo	conoceré	conocería
tú	conocerás	conocerías
él	conocerá	conocería
nosotros	conoceremos	conoceríamos
vosotros	conoceréis	conoceríais
ellos	conocerán	conocerían

Imperfecto de subjuntivo	**Form 1**	**Form 2**
yo	conociera	conociese
tú	conocieras	conocieses
él	conociera	conociese
nosotros	conociéramos	conociésemos
vosotros	conocierais	conocieseis
ellos	conocieran	conociesen

	Imperativo	**Gerundio**
(tú)	conoce	conociendo
	no conozcas	
(Ud.)	conozca	
(nosotros)	conozcamos	**Participio pasado**
(vosotros)	conoced	conocido
	no conozcáis	
(Uds.)	conozcan	

CONSEGUIR
to get, to obtain, to manage
Stem-changing (E > I) and spelling-change (GU > G) –IR verb

	Presente	**Subjuntivo**
yo	consigo	consiga
tú	consigues	consigas
él	consigue	consiga
nosotros	conseguimos	consigamos
vosotros	conseguís	consigáis
ellos	consiguen	consigan

	Pretérito	**Imperfecto**
yo	conseguí	conseguía
tú	conseguiste	conseguías
él	consiguió	conseguía
nosotros	conseguimos	conseguíamos
vosotros	conseguisteis	conseguíais
ellos	consiguieron	conseguían

	Futuro	**Potencial**
yo	conseguiré	conseguiría
tú	conseguirás	conseguirías
él	conseguirá	conseguiría
nosotros	conseguiremos	conseguiríamos
vosotros	conseguiréis	conseguiríais
ellos	conseguirán	conseguirían

Imperfecto de subjuntivo	**Form 1**	**Form 2**
yo	consiguiera	consiguiese
tú	consiguieras	consiguieses
él	consiguiera	consiguiese
nosotros	consiguiéramos	consiguiésemos
vosotros	consiguierais	consiguieseis
ellos	consiguieran	consiguiesen

	Imperativo	**Gerundio**
(tú)	consigue	consiguiendo
	no consigas	
(Ud.)	consiga	
(nosotros)	consigamos	**Participio pasado**
(vosotros)	conseguid	conseguido
	no consigáis	
(Uds.)	consigan	

CONSTRUIR

to build, to construct

Irregular –IR verb (Y added before endings beginning with anything but I)

	Presente	**Subjuntivo**
yo	construyo	construya
tú	construyes	construyas
él	construye	construya
nosotros	construimos	construyamos
vosotros	construís	construyáis
ellos	construyen	construyan

	Pretérito	**Imperfecto**
yo	construí	construía
tú	construiste	construías
él	construyó	construía
nosotros	construimos	construíamos
vosotros	construisteis	construíais
ellos	construyeron	construían

	Futuro	**Potencial**
yo	construiré	construiría
tú	construirás	construirías
él	construirá	construiría
nosotros	construiremos	construiríamos
vosotros	construiréis	construiríais
ellos	construirán	construirían

Imperfecto de subjuntivo	**Form 1**	**Form 2**
yo	construyera	construyese
tú	construyeras	construyeses
él	construyera	construyese
nosotros	construyéramos	construyésemos
vosotros	construyerais	construyeseis
ellos	construyeran	construyesen

	Imperativo	**Gerundio**
(tú)	construye	construyendo
	no construyas	
(Ud.)	construya	
(nosotros)	construyamos	**Participio pasado**
(vosotros)	construid	construido
	no construyáis	
(Uds.)	construyan	

CONTAR
to count; to bear in mind; to tell, to recount
Stem-changing (O > UE) –AR verb

	Presente	**Subjuntivo**
yo	cuento	cuente
tú	cuentas	cuentes
él	cuenta	cuente
nosotros	contamos	contemos
vosotros	contáis	contéis
ellos	cuentan	cuenten

	Pretérito	**Imperfecto**
yo	conté	contaba
tú	contaste	contabas
él	contó	contaba
nosotros	contamos	contábamos
vosotros	contasteis	contabais
ellos	contaron	contaban

	Futuro	**Potencial**
yo	contaré	contaría
tú	contarás	contarías
él	contará	contaría
nosotros	contaremos	contaríamos
vosotros	contaréis	contaríais
ellos	contarán	contarían

Imperfecto de subjuntivo	**Form 1**	**Form 2**
yo	contara	contase
tú	contaras	contases
él	contara	contase
nosotros	contáramos	contásemos
vosotros	contarais	contaseis
ellos	contaran	contasen

	Imperativo	**Gerundio**
(tú)	cuenta	contando
	no cuentes	
(Ud.)	cuente	
(nosotros)	contemos	**Participio pasado**
(vosotros)	contad	contado
	no contéis	
(Uds.)	cuenten	

CONTESTAR
to answer, to reply
Regular –AR verb

	Presente	**Subjuntivo**
yo	contesto	conteste
tú	contestas	contestes
él	contesta	conteste
nosotros	contestamos	contestemos
vosotros	contestáis	contestéis
ellos	contestan	contesten

	Pretérito	**Imperfecto**
yo	contesté	contestaba
tú	contestaste	contestabas
él	contestó	contestaba
nosotros	contestamos	contestábamos
vosotros	contestasteis	contestabais
ellos	contestaron	contestaban

	Futuro	**Potencial**
yo	contestaré	contestaría
tú	contestarás	contestarías
él	contestará	contestaría
nosotros	contestaremos	contestaríamos
vosotros	contestaréis	contestaríais
ellos	contestarán	contestarían

Imperfecto de subjuntivo	**Form 1**	**Form 2**
yo	contestara	contestase
tú	contestaras	contestases
él	contestara	contestase
nosotros	contestáramos	contestásemos
vosotros	contestarais	contestaseis
ellos	contestaran	contestasen

	Imperativo	**Gerundio**
(tú)	contesta	contestando
	no contestes	
(Ud.)	conteste	
(nosotros)	contestemos	**Participio pasado**
(vosotros)	contestad	contestado
	no contestéis	
(Uds.)	contesten	

CONTINUAR
to continue
Regular –AR verb, irregular accentuation

	Presente	**Subjuntivo**
yo	continúo	continúe
tú	continúas	continúes
él	continúa	continúe
nosotros	continuamos	continuemos
vosotros	continuáis	continuéis
ellos	continúan	continúen

	Pretérito	**Imperfecto**
yo	continué	continuaba
tú	continuaste	continuabas
él	continuó	continuaba
nosotros	continuamos	continuábamos
vosotros	continuasteis	continuabais
ellos	continuaron	continuaban

	Futuro	**Potencial**
yo	continuaré	continuaría
tú	continuarás	continuarías
él	continuará	continuaría
nosotros	continuaremos	continuaríamos
vosotros	continuaréis	continuaríais
ellos	continuarán	continuarían

Imperfecto de subjuntivo	**Form 1**	**Form 2**
yo	continuara	continuase
tú	continuaras	continuases
él	continuara	continuase
nosotros	continuáramos	continuásemos
vosotros	continuarais	continuaseis
ellos	continuaran	continuasen

	Imperativo	**Gerundio**
(tú)	continúa	continuando
	no continúes	
(Ud.)	continúe	
(nosotros)	continuemos	**Participio pasado**
(vosotros)	continuad	continuado
	no continuéis	
(Uds.)	continúen	

CORTAR
to cut
Regular –AR verb

	Presente	**Subjuntivo**
yo	corto	corte
tú	cortas	cortes
él	corta	corte
nosotros	cortamos	cortemos
vosotros	cortáis	cortéis
ellos	cortan	corten

	Pretérito	**Imperfecto**
yo	corté	cortaba
tú	cortaste	cortabas
él	cortó	cortaba
nosotros	cortamos	cortábamos
vosotros	cortasteis	cortabais
ellos	cortaron	cortaban

	Futuro	**Potencial**
yo	cortaré	cortaría
tú	cortarás	cortarías
él	cortará	cortaría
nosotros	cortaremos	cortaríamos
vosotros	cortaréis	cortaríais
ellos	cortarán	cortarían

Imperfecto de subjuntivo	**Form 1**	**Form 2**
yo	cortara	cortase
tú	cortaras	cortases
él	cortara	cortase
nosotros	cortáramos	cortásemos
vosotros	cortarais	cortaseis
ellos	cortaran	cortasen

	Imperativo	**Gerundio**
(tú)	corta	cortando
	no cortes	
(Ud.)	corte	
(nosotros)	cortemos	**Participio pasado**
(vosotros)	cortad	cortado
	no cortéis	
(Uds.)	corten	

CORREGIR
to correct; to reprimand, to punish
Stem-changing (E > I) and spelling-change (G > J) –IR verb

	Presente	**Subjuntivo**
yo	corrijo	corrija
tú	corriges	corrijas
él	corrige	corrija
nosotros	corregimos	corrijamos
vosotros	corregís	corrijáis
ellos	corrigen	corrijan

	Pretérito	**Imperfecto**
yo	corregí	corregía
tú	corregiste	corregías
él	corrigió	corregía
nosotros	corregimos	corregíamos
vosotros	corregisteis	corregíais
ellos	corrigieron	corregían

	Futuro	**Potencial**
yo	corregiré	corregiría
tú	corregirás	corregirías
él	corregirá	corregiría
nosotros	corregiremos	corregiríamos
vosotros	corregiréis	corregiríais
ellos	corregirán	corregirían

Imperfecto de subjuntivo	**Form 1**	**Form 2**
yo	corrigiera	corrigiese
tú	corrigieras	corrigieses
él	corrigiera	corrigiese
nosotros	corrigiéramos	corrigiésemos
vosotros	corrigierais	corrigieseis
ellos	corrigieran	corrigiesen

	Imperativo	**Gerundio**
(tú)	corrige	corrigiendo
	no corrijas	
(Ud.)	corrija	
(nosotros)	corrijamos	**Participio pasado**
(vosotros)	corregid	corregido
	no corrijáis	
(Uds.)	corrijan	

CORRER
to traverse, to cover; to run, to hurry
Regular –ER verb

	Presente	**Subjuntivo**
yo	corro	corra
tú	corres	corras
él	corre	corra
nosotros	corremos	corramos
vosotros	corréis	corráis
ellos	corren	corran

	Pretérito	**Imperfecto**
yo	corrí	corría
tú	corriste	corrías
él	corrió	corría
nosotros	corrimos	corríamos
vosotros	corristeis	corríais
ellos	corrieron	corrían

	Futuro	**Potencial**
yo	correré	correría
tú	correrás	correrías
él	correrá	correría
nosotros	correremos	correríamos
vosotros	correréis	correríais
ellos	correrán	correrían

Imperfecto de subjuntivo	**Form 1**	**Form 2**
yo	corriera	corriese
tú	corrieras	corrieses
él	corriera	corriese
nosotros	corriéramos	corriésemos
vosotros	corrierais	corrieseis
ellos	corrieran	corriesen

	Imperativo	**Gerundio**
(tú)	corre	corriendo
	no corras	
(Ud.)	corra	
(nosotros)	corramos	**Participio pasado**
(vosotros)	corred	corrido
	no corráis	
(Uds.)	corran	

COSTAR
to cost
Stem-changing (O > UE) –AR verb

	Presente	**Subjuntivo**
yo	cuesto	cueste
tú	cuestas	cuestes
él	cuesta	cueste
nosotros	costamos	costemos
vosotros	costáis	costéis
ellos	cuestan	cuesten

	Pretérito	**Imperfecto**
yo	costé	costaba
tú	costaste	costabas
él	costó	costaba
nosotros	costamos	costábamos
vosotros	costasteis	costabais
ellos	costaron	costaban

	Futuro	**Potencial**
yo	costaré	costaría
tú	costarás	costarías
él	costará	costaría
nosotros	costaremos	costaríamos
vosotros	costaréis	costaríais
ellos	costarán	costarían

Imperfecto de subjuntivo	**Form 1**	**Form 2**
yo	costara	costase
tú	costaras	costases
él	costara	costase
nosotros	costáramos	costásemos
vosotros	costarais	costaseis
ellos	costaran	costasen

	Imperativo	**Gerundio**
(tú)	cuesta	costando
	no cuestes	
(Ud.)	cueste	
(nosotros)	costemos	**Participio pasado**
(vosotros)	costad	costado
	no costéis	
(Uds.)	cuesten	

CREER
to believe
Irregular –ER verb

	Presente	**Subjuntivo**
yo	creo	crea
tú	crees	creas
él	cree	crea
nosotros	creemos	creamos
vosotros	creéis	creáis
ellos	creen	crean

	Pretérito	**Imperfecto**
yo	creí	creía
tú	creíste	creías
él	creyó	creía
nosotros	creímos	creíamos
vosotros	creísteis	creíais
ellos	creyeron	creían

	Futuro	**Potencial**
yo	creeré	creería
tú	creerás	creerías
él	creerá	creería
nosotros	creeremos	creeríamos
vosotros	creeréis	creeríais
ellos	creerán	creerían

Imperfecto de subjuntivo	**Form 1**	**Form 2**
yo	creyera	creyese
tú	creyeras	creyeses
él	creyera	creyese
nosotros	creyéramos	creyésemos
vosotros	creyerais	creyeseis
ellos	creyeran	creyesen

	Imperativo	**Gerundio**
(tú)	cree	creyendo
	no creas	
(Ud.)	crea	
(nosotros)	creamos	**Participio pasado**
(vosotros)	creed	creído
	no creáis	
(Uds.)	crean	

77

CRITICAR
to criticize
Spelling-change (C > QU) –AR verb

	Presente	**Subjuntivo**
yo	critico	critique
tú	criticas	critiques
él	critica	critique
nosotros	criticamos	critiquemos
vosotros	criticáis	critiquéis
ellos	critican	critiquen

	Pretérito	**Imperfecto**
yo	critiqué	criticaba
tú	criticaste	criticabas
él	criticó	criticaba
nosotros	criticamos	criticábamos
vosotros	criticasteis	criticabais
ellos	criticaron	criticaban

	Futuro	**Potencial**
yo	criticaré	criticaría
tú	criticarás	criticarías
él	criticará	criticaría
nosotros	criticaremos	criticaríamos
vosotros	criticaréis	criticaríais
ellos	criticarán	criticarían

Imperfecto de subjuntivo	**Form 1**	**Form 2**
yo	criticara	criticase
tú	criticaras	criticases
él	criticara	criticase
nosotros	criticáramos	criticásemos
vosotros	criticarais	criticaseis
ellos	criticaran	criticasen

	Imperativo	**Gerundio**
(tú)	critica	criticando
	no critiques	
(Ud.)	critique	
(nosotros)	critiquemos	**Participio pasado**
(vosotros)	criticad	criticado
	no critiquéis	
(Uds.)	critiquen	

CRUZAR
to cross, to intersect
Spelling-change (Z > C) –AR verb

	Presente	**Subjuntivo**
yo	cruzo	cruce
tú	cruzas	cruces
él	cruza	cruce
nosotros	cruzamos	crucemos
vosotros	cruzáis	crucéis
ellos	cruzan	crucen

	Pretérito	**Imperfecto**
yo	crucé	cruzaba
tú	cruzaste	cruzabas
él	cruzó	cruzaba
nosotros	cruzamos	cruzábamos
vosotros	cruzasteis	cruzabais
ellos	cruzaron	cruzaban

	Futuro	**Potencial**
yo	cruzaré	cruzaría
tú	cruzarás	cruzarías
él	cruzará	cruzaría
nosotros	cruzaremos	cruzaríamos
vosotros	cruzaréis	cruzaríais
ellos	cruzarán	cruzarían

Imperfecto de subjuntivo	**Form 1**	**Form 2**
yo	cruzara	cruzase
tú	cruzaras	cruzases
él	cruzara	cruzase
nosotros	cruzáramos	cruzásemos
vosotros	cruzarais	cruzaseis
ellos	cruzaran	cruzasen

	Imperativo	**Gerundio**
(tú)	cruza	cruzando
	no cruces	
(Ud.)	cruce	
(nosotros)	crucemos	**Participio pasado**
(vosotros)	cruzad	cruzado
	no crucéis	
(Uds.)	crucen	

CUBRIR

to cover

Regular –IR verb, irregular past participle

	Presente	**Subjuntivo**
yo	cubro	cubra
tú	cubres	cubras
él	cubre	cubra
nosotros	cubrimos	cubramos
vosotros	cubrís	cubráis
ellos	cubren	cubran

	Pretérito	**Imperfecto**
yo	cubrí	cubría
tú	cubriste	cubrías
él	cubrió	cubría
nosotros	cubrimos	cubríamos
vosotros	cubristeis	cubríais
ellos	cubrieron	cubrían

	Futuro	**Potencial**
yo	cubriré	cubriría
tú	cubrirás	cubrirías
él	cubrirá	cubriría
nosotros	cubriremos	cubriríamos
vosotros	cubriréis	cubriríais
ellos	cubrirán	cubrirían

Imperfecto de subjuntivo	**Form 1**	**Form 2**
yo	cubriera	cubriese
tú	cubrieras	cubrieses
él	cubriera	cubriese
nosotros	cubriéramos	cubriésemos
vosotros	cubrierais	cubrieseis
ellos	cubrieran	cubriesen

	Imperativo	**Gerundio**
(tú)	cubre	cubriendo
	no cubras	
(Ud.)	cubra	
(nosotros)	cubramos	**Participio pasado**
(vosotros)	cubrid	cubierto
	no cubráis	
(Uds.)	cubran	

CUIDAR
to care for, to look after; (se) to take care of o.s.
Regular –AR verb

	Presente	Subjuntivo
yo	cuido	cuide
tú	cuidas	cuides
él	cuida	cuide
nosotros	cuidamos	cuidemos
vosotros	cuidáis	cuidéis
ellos	cuidan	cuiden

	Pretérito	Imperfecto
yo	cuidé	cuidaba
tú	cuidaste	cuidabas
él	cuidó	cuidaba
nosotros	cuidamos	cuidábamos
vosotros	cuidasteis	cuidabais
ellos	cuidaron	cuidaban

	Futuro	Potencial
yo	cuidaré	cuidaría
tú	cuidarás	cuidarías
él	cuidará	cuidaría
nosotros	cuidaremos	cuidaríamos
vosotros	cuidaréis	cuidaríais
ellos	cuidarán	cuidarían

Imperfecto de subjuntivo	Form 1	Form 2
yo	cuidara	cuidase
tú	cuidaras	cuidases
él	cuidara	cuidase
nosotros	cuidáramos	cuidásemos
vosotros	cuidarais	cuidaseis
ellos	cuidaran	cuidasen

	Imperativo	Gerundio
(tú)	cuida	cuidando
	no cuides	
(Ud.)	cuide	
(nosotros)	cuidemos	**Participio pasado**
(vosotros)	cuidad	cuidado
	no cuidéis	
(Uds.)	cuiden	

CUMPLIR
to fulfill, to comply with; to end, to expire
Regular –IR verb

	Presente	**Subjuntivo**
yo	cumplo	cumpla
tú	cumples	cumplas
él	cumple	cumpla
nosotros	cumplimos	cumplamos
vosotros	cumplís	cumpláis
ellos	cumplen	cumplan

	Pretérito	**Imperfecto**
yo	cumplí	cumplía
tú	cumpliste	cumplías
él	cumplió	cumplía
nosotros	cumplimos	cumplíamos
vosotros	cumplisteis	cumplíais
ellos	cumplieron	cumplían

	Futuro	**Potencial**
yo	cumpliré	cumpliría
tú	cumplirás	cumplirías
él	cumplirá	cumpliría
nosotros	cumpliremos	cumpliríamos
vosotros	cumpliréis	cumpliríais
ellos	cumplirán	cumplirían

Imperfecto de subjuntivo	**Form 1**	**Form 2**
yo	cumpliera	cumpliese
tú	cumplieras	cumplieses
él	cumpliera	cumpliese
nosotros	cumpliéramos	cumpliésemos
vosotros	cumplierais	cumplieseis
ellos	cumplieran	cumpliesen

	Imperativo	**Gerundio**
(tú)	cumple	cumpliendo
	no cumplas	
(Ud.)	cumpla	
(nosotros)	cumplamos	**Participio pasado**
(vosotros)	cumplid	cumplido
	no cumpláis	
(Uds.)	cumplan	

CHOCAR

to shock, to startle; to collide with
Spelling-change (C > QU) –AR verb

	Presente	**Subjuntivo**
yo	choco	choque
tú	chocas	choques
él	choca	choque
nosotros	chocamos	choquemos
vosotros	chocáis	choquéis
ellos	chocan	choquen

	Pretérito	**Imperfecto**
yo	choqué	chocaba
tú	chocaste	chocabas
él	chocó	chocaba
nosotros	chocamos	chocábamos
vosotros	chocasteis	chocabais
ellos	chocaron	chocaban

	Futuro	**Potencial**
yo	chocaré	chocaría
tú	chocarás	chocarías
él	chocará	chocaría
nosotros	chocaremos	chocaríamos
vosotros	chocaréis	chocaríais
ellos	chocarán	chocarían

Imperfecto de subjuntivo	**Form 1**	**Form 2**
yo	chocara	chocase
tú	chocaras	chocases
él	chocara	chocase
nosotros	chocáramos	chocásemos
vosotros	chocarais	chocaseis
ellos	chocaran	chocasen

	Imperativo	**Gerundio**
(tú)	choca	chocando
	no choques	
(Ud.)	choque	
(nosotros)	choquemos	**Participio pasado**
(vosotros)	chocad	chocado
	no choquéis	
(Uds.)	choquen	

DAR
to give
Irregular –AR verb

	Presente	**Subjuntivo**
yo	doy	dé
tú	das	des
él	da	dé
nosotros	damos	demos
vosotros	dais	deis
ellos	dan	den

	Pretérito	**Imperfecto**
yo	di	daba
tú	diste	dabas
él	dio	daba
nosotros	dimos	dábamos
vosotros	disteis	dabais
ellos	dieron	daban

	Futuro	**Potencial**
yo	daré	daría
tú	darás	darías
él	dará	daría
nosotros	daremos	daríamos
vosotros	daréis	daríais
ellos	darán	darían

Imperfecto de subjuntivo	**Form 1**	**Form 2**
yo	diera	diese
tú	dieras	dieses
él	diera	diese
nosotros	diéramos	diésemos
vosotros	dierais	dieseis
ellos	dieran	diesen

	Imperativo	**Gerundio**
(tú)	da	dando
	no des	
(Ud.)	dé	
(nosotros)	demos	**Participio pasado**
(vosotros)	dad	dado
	no deis	
(Uds.)	den	

DEBER

should, must, to have to; to owe
Regular –ER verb

	Presente	**Subjuntivo**
yo	debo	deba
tú	debes	debas
él	debe	deba
nosotros	debemos	debamos
vosotros	debéis	debáis
ellos	deben	deban

	Pretérito	**Imperfecto**
yo	debí	debía
tú	debiste	debías
él	debió	debía
nosotros	debimos	debíamos
vosotros	debisteis	debíais
ellos	debieron	debían

	Futuro	**Potencial**
yo	deberé	debería
tú	deberás	deberías
él	deberá	debería
nosotros	deberemos	deberíamos
vosotros	deberéis	deberíais
ellos	deberán	deberían

Imperfecto de subjuntivo	**Form 1**	**Form 2**
yo	debiera	debiese
tú	debieras	debieses
él	debiera	debiese
nosotros	debiéramos	debiésemos
vosotros	debierais	debieseis
ellos	debieran	debiesen

	Imperativo	**Gerundio**
(tú)	debe	debiendo
	no debas	
(Ud.)	deba	
(nosotros)	debamos	**Participio pasado**
(vosotros)	debed	debido
	no debáis	
(Uds.)	deban	

DECIDIR
to decide
Regular –IR verb

	Presente	**Subjuntivo**
yo	decido	decida
tú	decides	decidas
él	decide	decida
nosotros	decidimos	decidamos
vosotros	decidís	decidáis
ellos	deciden	decidan

	Pretérito	**Imperfecto**
yo	decidí	decidía
tú	decidiste	decidías
él	decidió	decidía
nosotros	decidimos	decidíamos
vosotros	decidisteis	decidíais
ellos	decidieron	decidían

	Futuro	**Potencial**
yo	decidiré	decidiría
tú	decidirás	decidirías
él	decidirá	decidiría
nosotros	decidiremos	decidiríamos
vosotros	decidiréis	decidiríais
ellos	decidirán	decidirían

Imperfecto de subjuntivo	**Form 1**	**Form 2**
yo	decidiera	decidiese
tú	decidieras	decidieses
él	decidiera	decidiese
nosotros	decidiéramos	decidiésemos
vosotros	decidierais	decidieseis
ellos	decidieran	decidiesen

	Imperativo	**Gerundio**
(tú)	decide	decidiendo
	no decidas	
(Ud.)	decida	
(nosotros)	decidamos	**Participio pasado**
(vosotros)	decidid	decidido
	no decidáis	
(Uds.)	decidan	

DECIR
to say, to tell
Irregular –IR verb

	Presente	**Subjuntivo**
yo	digo	diga
tú	dices	digas
él	dice	diga
nosotros	decimos	digamos
vosotros	decís	digáis
ellos	dicen	digan

	Pretérito	**Imperfecto**
yo	dije	decía
tú	dijiste	decías
él	dijo	decía
nosotros	dijimos	decíamos
vosotros	dijisteis	decíais
ellos	dijeron	decían

	Futuro	**Potencial**
yo	diré	diría
tú	dirás	dirías
él	dirá	diría
nosotros	diremos	diríamos
vosotros	diréis	diríais
ellos	dirán	dirían

Imperfecto de subjuntivo	**Form 1**	**Form 2**
yo	dijera	dijese
tú	dijeras	dijeses
él	dijera	dijese
nosotros	dijéramos	dijésemos
vosotros	dijerais	dijeseis
ellos	dijeran	dijesen

	Imperativo	**Gerundio**
(tú)	di	diciendo
	no digas	
(Ud.)	diga	
(nosotros)	digamos	**Participio pasado**
(vosotros)	decid	dicho
	no digáis	
(Uds.)	digan	

DEFENDER
to defend, to protect, to uphold
Stem-changing (E > IE) –ER verb

	Presente	**Subjuntivo**
yo	defiendo	defienda
tú	defiendes	defiendas
él	defiende	defienda
nosotros	defendemos	defendamos
vosotros	defendéis	defendáis
ellos	defienden	defiendan

	Pretérito	**Imperfecto**
yo	defendí	defendía
tú	defendiste	defendías
él	defendió	defendía
nosotros	defendimos	defendíamos
vosotros	defendisteis	defendíais
ellos	defendieron	defendían

	Futuro	**Potencial**
yo	defenderé	defendería
tú	defenderás	defenderías
él	defenderá	defendería
nosotros	defenderemos	defenderíamos
vosotros	defenderéis	defenderíais
ellos	defenderán	defenderían

Imperfecto de subjuntivo	**Form 1**	**Form 2**
yo	defendiera	defendiese
tú	defendieras	defendieses
él	defendiera	defendiese
nosotros	defendiéramos	defendiésemos
vosotros	defendierais	defendieseis
ellos	defendieran	defendiesen

	Imperativo	**Gerundio**
(tú)	defiende	defendiendo
	no defiendas	
(Ud.)	defienda	
(nosotros)	defendamos	**Participio pasado**
(vosotros)	defended	defendido
	no defendáis	
(Uds.)	defiendan	

DEJAR

to leave; to permit
Regular −AR verb

	Presente	**Subjuntivo**
yo	dejo	deje
tú	dejas	dejes
él	deja	deje
nosotros	dejamos	dejemos
vosotros	dejáis	dejéis
ellos	dejan	dejen

	Pretérito	**Imperfecto**
yo	dejé	dejaba
tú	dejaste	dejabas
él	dejó	dejaba
nosotros	dejamos	dejábamos
vosotros	dejasteis	dejabais
ellos	dejaron	dejaban

	Futuro	**Potencial**
yo	dejaré	dejaría
tú	dejarás	dejarías
él	dejará	dejaría
nosotros	dejaremos	dejaríamos
vosotros	dejaréis	dejaríais
ellos	dejarán	dejarían

Imperfecto de subjuntivo	**Form 1**	**Form 2**
yo	dejara	dejase
tú	dejaras	dejases
él	dejara	dejase
nosotros	dejáramos	dejásemos
vosotros	dejarais	dejaseis
ellos	dejaran	dejasen

	Imperativo	**Gerundio**
(tú)	deja	dejando
	no dejes	
(Ud.)	deje	
(nosotros)	dejemos	**Participio pasado**
(vosotros)	dejad	dejado
	no dejéis	
(Uds.)	dejen	

DELINQUIR
to break the law, to commit an offense
Spelling-change (QU > C) –IR verb

	Presente	**Subjuntivo**
yo	delinco	delinca
tú	delinques	delincas
él	delinque	delinca
nosotros	delinquimos	delincamos
vosotros	delinquís	delincáis
ellos	delinquen	delincan

	Pretérito	**Imperfecto**
yo	delinquí	delinquía
tú	delinquiste	delinquías
él	delinquió	delinquía
nosotros	delinquimos	delinquíamos
vosotros	delinquisteis	delinquíais
ellos	delinquieron	delinquían

	Futuro	**Potencial**
yo	delinquiré	delinquiría
tú	delinquirás	delinquirías
él	delinquirá	delinquiría
nosotros	delinquiremos	delinquiríamos
vosotros	delinquiréis	delinquiríais
ellos	delinquirán	delinquirían

Imperfecto de subjuntivo	**Form 1**	**Form 2**
yo	delinquiera	delinquiese
tú	delinquieras	delinquieses
él	delinquiera	delinquiese
nosotros	delinquiéramos	delinquiésemos
vosotros	delinquierais	delinquieseis
ellos	delinquieran	delinquiesen

	Imperativo	**Gerundio**
(tú)	delinque	delinquiendo
	no delincas	
(Ud.)	delinca	
(nosotros)	delincamos	**Participio pasado**
(vosotros)	delinquid	delinquido
	no delincáis	
(Uds.)	delincan	

DEMOSTRAR
to show, to prove, to demonstrate
Stem-changing (O > UE) –AR verb

	Presente	Subjuntivo
yo	demuestro	demuestre
tú	demuestras	demuestres
él	demuestra	demuestre
nosotros	demostramos	demostremos
vosotros	demostráis	demostréis
ellos	demuestran	demuestren

	Pretérito	Imperfecto
yo	demostré	demostraba
tú	demostraste	demostrabas
él	demostró	demostraba
nosotros	demostramos	demostrábamos
vosotros	demostrasteis	demostrabais
ellos	demostraron	demostraban

	Futuro	Potencial
yo	demostraré	demostraría
tú	demostrarás	demostrarías
él	demostrará	demostraría
nosotros	demostraremos	demostraríamos
vosotros	demostraréis	demostraríais
ellos	demostrarán	demostrarían

Imperfecto de subjuntivo	Form 1	Form 2
yo	demostrara	demostrase
tú	demostraras	demostrases
él	demostrara	demostrase
nosotros	demostráramos	demostrásemos
vosotros	demostrarais	demostraseis
ellos	demostraran	demostrasen

	Imperativo	Gerundio
(tú)	demuestra	demostrando
	no demuestres	
(Ud.)	demuestre	
(nosotros)	demostremos	**Participio pasado**
(vosotros)	demostrad	demostrado
	no demostréis	
(Uds.)	demuestren	

DESAYUNAR
to have breakfast
Regular –AR verb

	Presente	**Subjuntivo**
yo	desayuno	desayune
tú	desayunas	desayunes
él	desayuna	desayune
nosotros	desayunamos	desayunemos
vosotros	desayunáis	desayunéis
ellos	desayunan	desayunen

	Pretérito	**Imperfecto**
yo	desayuné	desayunaba
tú	desayunaste	desayunabas
él	desayunó	desayunaba
nosotros	desayunamos	desayunábamos
vosotros	desayunasteis	desayunabais
ellos	desayunaron	desayunaban

	Futuro	**Potencial**
yo	desayunaré	desayunaría
tú	desayunarás	desayunarías
él	desayunará	desayunaría
nosotros	desayunaremos	desayunaríamos
vosotros	desayunaréis	desayunaríais
ellos	desayunarán	desayunarían

Imperfecto de subjuntivo	**Form 1**	**Form 2**
yo	desayunara	desayunase
tú	desayunaras	desayunases
él	desayunara	desayunase
nosotros	desayunáramos	desayunásemos
vosotros	desayunarais	desayunaseis
ellos	desayunaran	desayunasen

	Imperativo	**Gerundio**
(tú)	desayuna	desayunando
	no desayunes	
(Ud.)	desayune	
(nosotros)	desayunemos	**Participio pasado**
(vosotros)	desayunad	desayunado
	no desayunéis	
(Uds.)	desayunen	

DESCANSAR

to rest, to support, to lean; to aid
Regular –AR verb

	Presente	**Subjuntivo**
yo	descanso	descanse
tú	descansas	descanses
él	descansa	descanse
nosotros	descansamos	descansemos
vosotros	descansáis	descanséis
ellos	descansan	descansen

	Pretérito	**Imperfecto**
yo	descansé	descansaba
tú	descansaste	descansabas
él	descansó	descansaba
nosotros	descansamos	descansábamos
vosotros	descansasteis	descansabais
ellos	descansaron	descansaban

	Futuro	**Potencial**
yo	descansaré	descansaría
tú	descansarás	descansarías
él	descansará	descansaría
nosotros	descansaremos	descansaríamos
vosotros	descansaréis	descansaríais
ellos	descansarán	descansarían

Imperfecto de subjuntivo	**Form 1**	**Form 2**
yo	descansara	descansase
tú	descansaras	descansases
él	descansara	descansase
nosotros	descansáramos	descansásemos
vosotros	descansarais	descansaseis
ellos	descansaran	descansasen

	Imperativo	**Gerundio**
(tú)	descansa	descansando
	no descanses	
(Ud.)	descanse	
(nosotros)	descansemos	**Participio pasado**
(vosotros)	descansad	descansado
	no descanséis	
(Uds.)	descansen	

DESCRIBIR

to describe

Regular –IR verb, irregular past participle

	Presente	**Subjuntivo**
yo	describo	describa
tú	describes	describas
él	describe	describa
nosotros	describimos	describamos
vosotros	describís	describáis
ellos	describen	describan

	Pretérito	**Imperfecto**
yo	describí	describía
tú	describiste	describías
él	describió	describía
nosotros	describimos	describíamos
vosotros	describisteis	describíais
ellos	describieron	describían

	Futuro	**Potencial**
yo	describiré	describiría
tú	describirás	describirías
él	describirá	describiría
nosotros	describiremos	describiríamos
vosotros	describiréis	describiríais
ellos	describirán	describirían

Imperfecto de subjuntivo	**Form 1**	**Form 2**
yo	describiera	describiese
tú	describieras	describieses
él	describiera	describiese
nosotros	describiéramos	describiésemos
vosotros	describierais	describieseis
ellos	describieran	describiesen

	Imperativo	**Gerundio**
(tú)	describe	describiendo
	no describas	
(Ud.)	describa	
(nosotros)	describamos	**Participio pasado**
(vosotros)	describid	descrito
	no describáis	
(Uds.)	describan	

DESCUBRIR

to discover

Regular –IR verb, irregular past participle

	Presente	**Subjuntivo**
yo	descubro	descubra
tú	descubres	descubras
él	descubre	descubra
nosotros	descubrimos	descubramos
vosotros	descubrís	descubráis
ellos	descubren	descubran

	Pretérito	**Imperfecto**
yo	descubrí	descubría
tú	descubriste	descubrías
él	descubrió	descubría
nosotros	descubrimos	descubríamos
vosotros	descubristeis	descubríais
ellos	descubrieron	descubrían

	Futuro	**Potencial**
yo	descubriré	descubriría
tú	descubrirás	descubrirías
él	descubrirá	descubriría
nosotros	descubriremos	descubriríamos
vosotros	descubriréis	descubriríais
ellos	descubrirán	descubrirían

Imperfecto de subjuntivo	**Form 1**	**Form 2**
yo	descubriera	descubriese
tú	descubrieras	descubrieses
él	descubriera	descubriese
nosotros	descubriéramos	descubriésemos
vosotros	descubrierais	descubrieseis
ellos	descubrieran	descubriesen

	Imperativo	**Gerundio**
(tú)	descubre	descubriendo
	no descubras	
(Ud.)	descubra	
(nosotros)	descubramos	**Participio pasado**
(vosotros)	descubrid	descubierto
	no descubráis	
(Uds.)	descubran	

DESPERTAR

to wake s.o./s.t. up, awaken s.o./s.t.; (se) to wake up (o.s.)
Stem-changing (E > IE) –AR verb

	Presente	**Subjuntivo**
yo	despierto	despierte
tú	despiertas	despiertes
él	despierta	despierte
nosotros	despertamos	despertemos
vosotros	despertáis	despertéis
ellos	despiertan	despierten

	Pretérito	**Imperfecto**
yo	desperté	despertaba
tú	despertaste	despertabas
él	despertó	despertaba
nosotros	despertamos	despertábamos
vosotros	despertasteis	despertabais
ellos	despertaron	despertaban

	Futuro	**Potencial**
yo	despertaré	despertaría
tú	despertarás	despertarías
él	despertará	despertaría
nosotros	despertaremos	despertaríamos
vosotros	despertaréis	despertaríais
ellos	despertarán	despertarían

Imperfecto de subjuntivo	**Form 1**	**Form 2**
yo	despertara	despertase
tú	despertaras	despertases
él	despertara	despertase
nosotros	despertáramos	despertásemos
vosotros	despertarais	despertaseis
ellos	despertaran	despertasen

	Imperativo	**Gerundio**
(tú)	despierta	despertando
	no despiertes	
(Ud.)	despierte	
(nosotros)	despertemos	**Participio pasado**
(vosotros)	despertad	despertado
	no despertéis	
(Uds.)	despierten	

DESTRUIR
to destroy, to ruin, to damage
Irregular –IR verb

	Presente	**Subjuntivo**
yo	destruyo	destruya
tú	destruyes	destruyas
él	destruye	destruya
nosotros	destruimos	destruyamos
vosotros	destruís	destruyáis
ellos	destruyen	destruyan

	Pretérito	**Imperfecto**
yo	destruí	destruía
tú	destruiste	destruías
él	destruyó	destruía
nosotros	destruimos	destruíamos
vosotros	destruisteis	destruíais
ellos	destruyeron	destruían

	Futuro	**Potencial**
yo	destruiré	destruiría
tú	destruirás	destruirías
él	destruirá	destruiría
nosotros	destruiremos	destruiríamos
vosotros	destruiréis	destruiríais
ellos	destruirán	destruirían

Imperfecto de subjuntivo	**Form 1**	**Form 2**
yo	destruyera	destruyese
tú	destruyeras	destruyeses
él	destruyera	destruyese
nosotros	destruyéramos	destruyésemos
vosotros	destruyerais	destruyeseis
ellos	destruyeran	destruyesen

	Imperativo	**Gerundio**
(tú)	destruye	destruyendo
	no destruyas	
(Ud.)	destruya	
(nosotros)	destruyamos	**Participio pasado**
(vosotros)	destruid	destruido
	no destruyáis	
(Uds.)	destruyan	

DETENER
to detain, to stop
Irregular –ER verb

	Presente	**Subjuntivo**
yo	detengo	detenga
tú	detienes	detengas
él	detiene	detenga
nosotros	detenemos	detengamos
vosotros	detenéis	detengáis
ellos	detienen	detengan

	Pretérito	**Imperfecto**
yo	detuve	detenía
tú	detuviste	detenías
él	detuvo	detenía
nosotros	detuvimos	deteníamos
vosotros	detuvisteis	deteníais
ellos	detuvieron	detenían

	Futuro	**Potencial**
yo	detendré	detendría
tú	detendrás	detendrías
él	detendrá	detendría
nosotros	detendremos	detendríamos
vosotros	detendréis	detendríais
ellos	detendrán	detendrían

Imperfecto de subjuntivo	**Form 1**	**Form 2**
yo	detuviera	detuviese
tú	detuvieras	detuvieses
él	detuviera	detuviese
nosotros	detuviéramos	detuviésemos
vosotros	detuvierais	detuvieseis
ellos	detuvieran	detuviesen

	Imperativo	**Gerundio**
(tú)	detén	deteniendo
	no detengas	
(Ud.)	detenga	
(nosotros)	detengamos	**Participio pasado**
(vosotros)	detened	detenido
	no detengáis	
(Uds.)	detengan	

DIRIGIR
to direct, to address; to manage, to run
Spelling-change (G > J) –IR verb

	Presente	**Subjuntivo**
yo	dirijo	dirija
tú	diriges	dirijas
él	dirige	dirija
nosotros	dirigimos	dirijamos
vosotros	dirigís	dirijáis
ellos	dirigen	dirijan

	Pretérito	**Imperfecto**
yo	dirigí	dirigía
tú	dirigiste	dirigías
él	dirigió	dirigía
nosotros	dirigimos	dirigíamos
vosotros	dirigisteis	dirigíais
ellos	dirigieron	dirigían

	Futuro	**Potencial**
yo	dirigiré	dirigiría
tú	dirigirás	dirigirías
él	dirigirá	dirigiría
nosotros	dirigiremos	dirigiríamos
vosotros	dirigiréis	dirigiríais
ellos	dirigirán	dirigirían

Imperfecto de subjuntivo	**Form 1**	**Form 2**
yo	dirigiera	dirigiese
tú	dirigieras	dirigieses
él	dirigiera	dirigiese
nosotros	dirigiéramos	dirigiésemos
vosotros	dirigierais	dirigieseis
ellos	dirigieran	dirigiesen

	Imperativo	**Gerundio**
(tú)	dirige	dirigiendo
	no dirijas	
(Ud.)	dirija	
(nosotros)	dirijamos	**Participio pasado**
(vosotros)	dirigid	dirigido
	no dirijáis	
(Uds.)	dirijan	

DISCULPAR

to excuse, to pardon, to forgive s.o.; (se) to excuse o.s., to apologize
Regular –AR verb

	Presente	**Subjuntivo**
yo	disculpo	disculpe
tú	disculpas	disculpes
él	disculpa	disculpe
nosotros	disculpamos	disculpemos
vosotros	disculpáis	disculpéis
ellos	disculpan	disculpen

	Pretérito	**Imperfecto**
yo	disculpé	disculpaba
tú	disculpaste	disculpabas
él	disculpó	disculpaba
nosotros	disculpamos	disculpábamos
vosotros	disculpasteis	disculpabais
ellos	disculparon	disculpaban

	Futuro	**Potencial**
yo	disculparé	disculparía
tú	disculparás	disculparías
él	disculpará	disculparía
nosotros	disculparemos	disculparíamos
vosotros	disculparéis	disculparíais
ellos	disculparán	disculparían

Imperfecto de subjuntivo	**Form 1**	**Form 2**
yo	disculpara	disculpase
tú	disculparas	disculpases
él	disculpara	disculpase
nosotros	disculpáramos	disculpásemos
vosotros	disculparais	disculpaseis
ellos	disculparan	disculpasen

	Imperativo	**Gerundio**
(tú)	disculpa	disculpando
	no disculpes	
(Ud.)	disculpe	
(nosotros)	disculpemos	**Participio pasado**
(vosotros)	disculpad	disculpado
	no disculpéis	
(Uds.)	disculpen	

DISCUTIR
to discuss
Regular –IR verb

	Presente	**Subjuntivo**
yo	discuto	discuta
tú	discutes	discutas
él	discute	discuta
nosotros	discutimos	discutamos
vosotros	discutís	discutáis
ellos	discuten	discutan

	Pretérito	**Imperfecto**
yo	discutí	discutía
tú	discutiste	discutías
él	discutió	discutía
nosotros	discutimos	discutíamos
vosotros	discutisteis	discutíais
ellos	discutieron	discutían

	Futuro	**Potencial**
yo	discutiré	discutiría
tú	discutirás	discutirías
él	discutirá	discutiría
nosotros	discutiremos	discutiríamos
vosotros	discutiréis	discutiríais
ellos	discutirán	discutirían

Imperfecto de subjuntivo	**Form 1**	**Form 2**
yo	discutiera	discutiese
tú	discutieras	discutieses
él	discutiera	discutiese
nosotros	discutiéramos	discutiésemos
vosotros	discutierais	discutieseis
ellos	discutieran	discutiesen

	Imperativo	**Gerundio**
(tú)	discute	discutiendo
	no discutas	
(Ud.)	discuta	
(nosotros)	discutamos	**Participio pasado**
(vosotros)	discutid	discutido
	no discutáis	
(Uds.)	discutan	

DISTINGUIR
to distinguish, to discern
Spelling-change (GU > G) –IR verb

	Presente	**Subjuntivo**
yo	distingo	distinga
tú	distingues	distingas
él	distingue	distinga
nosotros	distinguimos	distingamos
vosotros	distinguís	distingáis
ellos	distinguen	distingan

	Pretérito	**Imperfecto**
yo	distinguí	distinguía
tú	distinguiste	distinguías
él	distinguió	distinguía
nosotros	distinguimos	distinguíamos
vosotros	distinguisteis	distinguíais
ellos	distinguieron	distinguían

	Futuro	**Potencial**
yo	distinguiré	distinguiría
tú	distinguirás	distinguirías
él	distinguirá	distinguiría
nosotros	distinguiremos	distinguiríamos
vosotros	distinguiréis	distinguiríais
ellos	distinguirán	distinguirían

Imperfecto de subjuntivo	**Form 1**	**Form 2**
yo	distinguiera	distinguiese
tú	distinguieras	distinguieses
él	distinguiera	distinguiese
nosotros	distinguiéramos	distinguiésemos
vosotros	distinguierais	distinguieseis
ellos	distinguieran	distinguiesen

	Imperativo	**Gerundio**
(tú)	distingue	distinguiendo
	no distingas	
(Ud.)	distinga	
(nosotros)	distingamos	**Participio pasado**
(vosotros)	distinguid	distinguido
	no distingáis	
(Uds.)	distingan	

DISTRAER
to distract, to divert, to amuse
Irregular –ER verb

	Presente	**Subjuntivo**
yo	distraigo	distraiga
tú	distraes	distraigas
él	distrae	distraiga
nosotros	distraemos	distraigamos
vosotros	distraéis	distraigáis
ellos	distraen	distraigan

	Pretérito	**Imperfecto**
yo	distraje	distraía
tú	distrajiste	distraías
él	distrajo	distraía
nosotros	distrajimos	distraíamos
vosotros	distrajisteis	distraíais
ellos	distrajeron	distraían

	Futuro	**Potencial**
yo	distraeré	distraería
tú	distraerás	distraerías
él	distraerá	distraería
nosotros	distraeremos	distraeríamos
vosotros	distraeréis	distraeríais
ellos	distraerán	distraerían

Imperfecto de subjuntivo	**Form 1**	**Form 2**
yo	distrajera	distrajese
tú	distrajeras	distrajeses
él	distrajera	distrajese
nosotros	distrajéramos	distrajésemos
vosotros	distrajerais	distrajeseis
ellos	distrajeran	distrajesen

	Imperativo	**Gerundio**
(tú)	distrae	distrayendo
	no distraigas	
(Ud.)	distraiga	
(nosotros)	distraigamos	**Participio pasado**
(vosotros)	distraed	distraído
	no distraigáis	
(Uds.)	distraigan	

DIVERTIR
to amuse, to entertain, to divert; to have a good time
Stem-changing (E > IE) –IR verb

	Presente	**Subjuntivo**
yo	divierto	divierta
tú	diviertes	diviertas
él	divierte	divierta
nosotros	divertimos	divirtamos
vosotros	divertís	divirtáis
ellos	divierten	diviertan

	Pretérito	**Imperfecto**
yo	divertí	divertía
tú	divertiste	divertías
él	divirtió	divertía
nosotros	divertimos	divertíamos
vosotros	divertisteis	divertíais
ellos	divirtieron	divertían

	Futuro	**Potencial**
yo	divertiré	divertiría
tú	divertirás	divertirías
él	divertirá	divertiría
nosotros	divertiremos	divertiríamos
vosotros	divertiréis	divertiríais
ellos	divertirán	divertirían

Imperfecto de subjuntivo	**Form 1**	**Form 2**
yo	divirtiera	divirtiese
tú	divirtieras	divirtieses
él	divirtiera	divirtiese
nosotros	divirtiéramos	divirtiésemos
vosotros	divirtierais	divirtieseis
ellos	divirtieran	divirtiesen

	Imperativo	**Gerundio**
(tú)	divierte	divirtiendo
	no diviertas	
(Ud.)	divierta	
(nosotros)	divirtamos	**Participio pasado**
(vosotros)	divertid	divertido
	no divirtáis	
(Uds.)	diviertan	

DOBLAR
to double, to fold; to turn; to overtake
Regular –AR verb

	Presente	**Subjuntivo**
yo	doblo	doble
tú	doblas	dobles
él	dobla	doble
nosotros	doblamos	doblemos
vosotros	dobláis	dobléis
ellos	doblan	doblen

	Pretérito	**Imperfecto**
yo	doblé	doblaba
tú	doblaste	doblabas
él	dobló	doblaba
nosotros	doblamos	doblábamos
vosotros	doblasteis	doblabais
ellos	doblaron	doblaban

	Futuro	**Potencial**
yo	doblaré	doblaría
tú	doblarás	doblarías
él	doblará	doblaría
nosotros	doblaremos	doblaríamos
vosotros	doblaréis	doblaríais
ellos	doblarán	doblarían

Imperfecto de subjuntivo	**Form 1**	**Form 2**
yo	doblara	doblase
tú	doblaras	doblases
él	doblara	doblase
nosotros	dobláramos	doblásemos
vosotros	doblarais	doblaseis
ellos	doblaran	doblasen

	Imperativo	**Gerundio**
(tú)	dobla	doblando
	no dobles	
(Ud.)	doble	
(nosotros)	doblemos	**Participio pasado**
(vosotros)	doblad	doblado
	no dobléis	
(Uds.)	doblen	

DOLER
to hurt, to ache
Stem-changing (O > UE) –ER verb

	Presente	**Subjuntivo**
yo	duelo	duela
tú	dueles	duelas
él	duele	duela
nosotros	dolemos	dolamos
vosotros	doléis	doláis
ellos	duelen	duelan

	Pretérito	**Imperfecto**
yo	dolí	dolía
tú	doliste	dolías
él	dolió	dolía
nosotros	dolimos	dolíamos
vosotros	dolisteis	dolíais
ellos	dolieron	dolían

	Futuro	**Potencial**
yo	doleré	dolería
tú	dolerás	dolerías
él	dolerá	dolería
nosotros	doleremos	doleríamos
vosotros	doleréis	doleríais
ellos	dolerán	dolerían

Imperfecto de subjuntivo	**Form 1**	**Form 2**
yo	doliera	doliese
tú	dolieras	dolieses
él	doliera	doliese
nosotros	doliéramos	doliésemos
vosotros	dolierais	dolieseis
ellos	dolieran	doliesen

	Imperativo	**Gerundio**
(tú)	duele	doliendo
	no duelas	
(Ud.)	duela	
(nosotros)	dolamos	**Participio pasado**
(vosotros)	doled	dolido
	no doláis	
(Uds.)	duelan	

DORMIR
to sleep; (se) to go to sleep, to fall asleep
Stem-changing (O > UE) –IR verb

	Presente	**Subjuntivo**
yo	duermo	duerma
tú	duermes	duermas
él	duerme	duerma
nosotros	dormimos	durmamos
vosotros	dormís	durmáis
ellos	duermen	duerman

	Pretérito	**Imperfecto**
yo	dormí	dormía
tú	dormiste	dormías
él	durmió	dormía
nosotros	dormimos	dormíamos
vosotros	dormisteis	dormíais
ellos	durmieron	dormían

	Futuro	**Potencial**
yo	dormiré	dormiría
tú	dormirás	dormirías
él	dormirá	dormiría
nosotros	dormiremos	dormiríamos
vosotros	dormiréis	dormiríais
ellos	dormirán	dormirían

Imperfecto de subjuntivo	**Form 1**	**Form 2**
yo	durmiera	durmiese
tú	durmieras	durmieses
él	durmiera	durmiese
nosotros	durmiéramos	durmiésemos
vosotros	durmierais	durmieseis
ellos	durmieran	durmiesen

	Imperativo	**Gerundio**
(tú)	duerme	durmiendo
	no duermas	
(Ud.)	duerma	
(nosotros)	durmamos	**Participio pasado**
(vosotros)	dormid	dormido
	no durmáis	
(Uds.)	duerman	

DUCHARSE
to take a shower
Regular reflexive –AR verb

	Presente	**Subjuntivo**
yo me	ducho	duche
tú te	duchas	duches
él se	ducha	duche
nosotros nos	duchamos	duchemos
vosotros os	ducháis	duchéis
ellos se	duchan	duchen

	Pretérito	**Imperfecto**
yo me	duché	duchaba
tú te	duchaste	duchabas
él se	duchó	duchaba
nosotros nos	duchamos	duchábamos
vosotros os	duchasteis	duchabais
ellos se	ducharon	duchaban

	Futuro	**Potencial**
yo me	ducharé	ducharía
tú te	ducharás	ducharías
él se	duchará	ducharía
nosotros nos	ducharemos	ducharíamos
vosotros os	ducharéis	ducharíais
ellos se	ducharán	ducharían

Imperfecto de subjuntivo	**Form 1**	**Form 2**
yo me	duchara	duchase
tú te	ducharas	duchases
él se	duchara	duchase
nosotros nos	ducháramos	duchásemos
vosotros os	ducharais	duchaseis
ellos se	ducharan	duchasen

	Imperativo	**Gerundio**
(tú)	dúchate	duchando
	no te duches	
(Ud.)	dúchese	
(nosotros)	duchémonos	**Participio pasado**
(vosotros)	duchaos	duchado
	no os duchéis	
(Uds.)	dúchense	

DUDAR
to doubt
Regular –AR verb

	Presente	**Subjuntivo**
yo	dudo	dude
tú	dudas	dudes
él	duda	dude
nosotros	dudamos	dudemos
vosotros	dudáis	dudéis
ellos	dudan	duden

	Pretérito	**Imperfecto**
yo	dudé	dudaba
tú	dudaste	dudabas
él	dudó	dudaba
nosotros	dudamos	dudábamos
vosotros	dudasteis	dudabais
ellos	dudaron	dudaban

	Futuro	**Potencial**
yo	dudaré	dudaría
tú	dudarás	dudarías
él	dudará	dudaría
nosotros	dudaremos	dudaríamos
vosotros	dudaréis	dudaríais
ellos	dudarán	dudarían

Imperfecto de subjuntivo	**Form 1**	**Form 2**
yo	dudara	dudase
tú	dudaras	dudases
él	dudara	dudase
nosotros	dudáramos	dudásemos
vosotros	dudarais	dudaseis
ellos	dudaran	dudasen

	Imperativo	**Gerundio**
(tú)	duda	dudando
	no dudes	
(Ud.)	dude	
(nosotros)	dudemos	**Participio pasado**
(vosotros)	dudad	dudado
	no dudéis	
(Uds.)	duden	

ECONOMIZAR
to save, to economize
Spelling-change (Z > C) –AR verb

	Presente	**Subjuntivo**
yo	economizo	economice
tú	economizas	economices
él	economiza	economice
nosotros	economizamos	economicemos
vosotros	economizáis	economicéis
ellos	economizan	economicen

	Pretérito	**Imperfecto**
yo	economicé	economizaba
tú	economizaste	economizabas
él	economizó	economizaba
nosotros	economizamos	economizábamos
vosotros	economizasteis	economizabais
ellos	economizaron	economizaban

	Futuro	**Potencial**
yo	economizaré	economizaría
tú	economizarás	economizarías
él	economizará	economizaría
nosotros	economizaremos	economizaríamos
vosotros	economizaréis	economizaríais
ellos	economizarán	economizarían

Imperfecto de subjuntivo	**Form 1**	**Form 2**
yo	economizara	economizase
tú	economizaras	economizases
él	economizara	economizase
nosotros	economizáramos	economizásemos
vosotros	economizarais	economizaseis
ellos	economizaran	economizasen

	Imperativo	**Gerundio**
(tú)	economiza	economizando
	no economices	
(Ud.)	economice	
(nosotros)	economicemos	**Participio pasado**
(vosotros)	economizad	economizado
	no economicéis	
(Uds.)	economicen	

ECHAR
to throw, to emit; to eject
Regular –AR verb

	Presente	**Subjuntivo**
yo	echo	eche
tú	echas	eches
él	echa	eche
nosotros	echamos	echemos
vosotros	echáis	echéis
ellos	echan	echen

	Pretérito	**Imperfecto**
yo	eché	echaba
tú	echaste	echabas
él	echó	echaba
nosotros	echamos	echábamos
vosotros	echasteis	echabais
ellos	echaron	echaban

	Futuro	**Potencial**
yo	echaré	echaría
tú	echarás	echarías
él	echará	echaría
nosotros	echaremos	echaríamos
vosotros	echaréis	echaríais
ellos	echarán	echarían

Imperfecto de subjuntivo	**Form 1**	**Form 2**
yo	echara	echase
tú	echaras	echases
él	echara	echase
nosotros	echáramos	echásemos
vosotros	echarais	echaseis
ellos	echaran	echasen

	Imperativo	**Gerundio**
(tú)	echa	echando
	no eches	
(Ud.)	eche	
(nosotros)	echemos	**Participio pasado**
(vosotros)	echad	echado
	no echéis	
(Uds.)	echen	

ELEGIR
to choose, to select, to elect
Stem-changing (E > I) and spelling-change (G > J) –IR verb

	Presente	**Subjuntivo**
yo	elijo	elija
tú	eliges	elijas
él	elige	elija
nosotros	elegimos	elijamos
vosotros	elegís	elijáis
ellos	eligen	elijan

	Pretérito	**Imperfecto**
yo	elegí	elegía
tú	elegiste	elegías
él	eligió	elegía
nosotros	elegimos	elegíamos
vosotros	elegisteis	elegíais
ellos	eligieron	elegían

	Futuro	**Potencial**
yo	elegiré	elegiría
tú	elegirás	elegirías
él	elegirá	elegiría
nosotros	elegiremos	elegiríamos
vosotros	elegiréis	elegiríais
ellos	elegirán	elegirían

Imperfecto de subjuntivo	**Form 1**	**Form 2**
yo	eligiera	eligiese
tú	eligieras	eligieses
él	eligiera	eligiese
nosotros	eligiéramos	eligiésemos
vosotros	eligierais	eligieseis
ellos	eligieran	eligiesen

	Imperativo	**Gerundio**
(tú)	elige	eligiendo
	no elijas	
(Ud.)	elija	
(nosotros)	elijamos	**Participio pasado**
(vosotros)	elegid	elegido
	no elijáis	
(Uds.)	elijan	

EMPEZAR
to begin, to start
Stem-changing (E > IE) and spelling change (Z > C) –AR verb

	Presente	**Subjuntivo**
yo	empiezo	empiece
tú	empiezas	empieces
él	empieza	empiece
nosotros	empezamos	empecemos
vosotros	empezáis	empecéis
ellos	empiezan	empiecen

	Pretérito	**Imperfecto**
yo	empecé	empezaba
tú	empezaste	empezabas
él	empezó	empezaba
nosotros	empezamos	empezábamos
vosotros	empezasteis	empezabais
ellos	empezaron	empezaban

	Futuro	**Potencial**
yo	empezaré	empezaría
tú	empezarás	empezarías
él	empezará	empezaría
nosotros	empezaremos	empezaríamos
vosotros	empezaréis	empezaríais
ellos	empezarán	empezarían

Imperfecto de subjuntivo	**Form 1**	**Form 2**
yo	empezara	empezase
tú	empezaras	empezases
él	empezara	empezase
nosotros	empezáramos	empezásemos
vosotros	empezarais	empezaseis
ellos	empezaran	empezasen

	Imperativo	**Gerundio**
(tú)	empieza	empezando
	no empieces	
(Ud.)	empiece	
(nosotros)	empecemos	**Participio pasado**
(vosotros)	empezad	empezado
	no empecéis	
(Uds.)	empiecen	

ENCANTAR
to enchant, to delight, to bewitch, to like
Regular –AR verb

	Presente	Subjuntivo
yo	encanto	encante
tú	encantas	encantes
él	encanta	encante
nosotros	encantamos	encantemos
vosotros	encantáis	encantéis
ellos	encantan	encanten

	Pretérito	Imperfecto
yo	encanté	encantaba
tú	encantaste	encantabas
él	encantó	encantaba
nosotros	encantamos	encantábamos
vosotros	encantasteis	encantabais
ellos	encantaron	encantaban

	Futuro	Potencial
yo	encantaré	encantaría
tú	encantarás	encantarías
él	encantará	encantaría
nosotros	encantaremos	encantaríamos
vosotros	encantaréis	encantaríais
ellos	encantarán	encantarían

Imperfecto de subjuntivo	Form 1	Form 2
yo	encantara	encantase
tú	encantaras	encantases
él	encantara	encantase
nosotros	encantáramos	encantásemos
vosotros	encantarais	encantaseis
ellos	encantaran	encantasen

	Imperativo	Gerundio
(tú)	encanta	encantando
	no encantes	
(Ud.)	encante	
(nosotros)	encantemos	Participio pasado
(vosotros)	encantad	encantado
	no encantéis	
(Uds.)	encanten	

ENCONTRAR
to meet, to find, to encounter
Stem-changing (O > UE) –AR verb

	Presente	**Subjuntivo**
yo	encuentro	encuentre
tú	encuentras	encuentres
él	encuentra	encuentre
nosotros	encontramos	encontremos
vosotros	encontráis	encontréis
ellos	encuentran	encuentren

	Pretérito	**Imperfecto**
yo	encontré	encontraba
tú	encontraste	encontrabas
él	encontró	encontraba
nosotros	encontramos	encontrábamos
vosotros	encontrasteis	encontrabais
ellos	encontraron	encontraban

	Futuro	**Potencial**
yo	encontraré	encontraría
tú	encontrarás	encontrarías
él	encontrará	encontraría
nosotros	encontraremos	encontraríamos
vosotros	encontraréis	encontraríais
ellos	encontrarán	encontrarían

Imperfecto de subjuntivo	**Form 1**	**Form 2**
yo	encontrara	encontrase
tú	encontraras	encontrases
él	encontrara	encontrase
nosotros	encontráramos	encontrásemos
vosotros	encontrarais	encontraseis
ellos	encontraran	encontrasen

	Imperativo	**Gerundio**
(tú)	encuentra	encontrando
	no encuentres	
(Ud.)	encuentre	
(nosotros)	encontremos	**Participio pasado**
(vosotros)	encontrad	encontrado
	no encontréis	
(Uds.)	encuentren	

ENFERMAR
to make/fall ill, to get/be sick
Regular –AR verb

	Presente	**Subjuntivo**
yo	enfermo	enferme
tú	enfermas	enfermes
él	enferma	enferme
nosotros	enfermamos	enfermemos
vosotros	enfermáis	enferméis
ellos	enferman	enfermen

	Pretérito	**Imperfecto**
yo	enfermé	enfermaba
tú	enfermaste	enfermabas
él	enfermó	enfermaba
nosotros	enfermamos	enfermábamos
vosotros	enfermasteis	enfermabais
ellos	enfermaron	enfermaban

	Futuro	**Potencial**
yo	enfermaré	enfermaría
tú	enfermarás	enfermarías
él	enfermará	enfermaría
nosotros	enfermaremos	enfermaríamos
vosotros	enfermaréis	enfermaríais
ellos	enfermarán	enfermarían

Imperfecto de subjuntivo	**Form 1**	**Form 2**
yo	enfermara	enfermase
tú	enfermaras	enfermases
él	enfermara	enfermase
nosotros	enfermáramos	enfermásemos
vosotros	enfermarais	enfermaseis
ellos	enfermaran	enfermasen

	Imperativo	**Gerundio**
(tú)	enferma	enfermando
	no enfermes	
(Ud.)	enferme	
(nosotros)	enfermemos	**Participio pasado**
(vosotros)	enfermad	enfermado
	no enferméis	
(Uds.)	enfermen	

ENOJAR
to anger, to irritate, to vex; (se) to get angry, to lose one's temper
Regular –AR verb

	Presente	**Subjuntivo**
yo	enojo	enoje
tú	enojas	enojes
él	enoja	enoje
nosotros	enojamos	enojemos
vosotros	enojáis	enojéis
ellos	enojan	enojen

	Pretérito	**Imperfecto**
yo	enojé	enojaba
tú	enojaste	enojabas
él	enojó	enojaba
nosotros	enojamos	enojábamos
vosotros	enojasteis	enojabais
ellos	enojaron	enojaban

	Futuro	**Potencial**
yo	enojaré	enojaría
tú	enojarás	enojarías
él	enojará	enojaría
nosotros	enojaremos	enojaríamos
vosotros	enojaréis	enojaríais
ellos	enojarán	enojarían

Imperfecto de subjuntivo	**Form 1**	**Form 2**
yo	enojara	enojase
tú	enojaras	enojases
él	enojara	enojase
nosotros	enojáramos	enojásemos
vosotros	enojarais	enojaseis
ellos	enojaran	enojasen

	Imperativo	**Gerundio**
(tú)	enoja	enojando
	no enojes	
(Ud.)	enoje	
(nosotros)	enojemos	**Participio pasado**
(vosotros)	enojad	enojado
	no enojéis	
(Uds.)	enojen	

ENSEÑAR
to teach, to train; to show
Regular –AR verb

	Presente	**Subjuntivo**
yo	enseño	enseñe
tú	enseñas	enseñes
él	enseña	enseñe
nosotros	enseñamos	enseñemos
vosotros	enseñáis	enseñéis
ellos	enseñan	enseñen

	Pretérito	**Imperfecto**
yo	enseñé	enseñaba
tú	enseñaste	enseñabas
él	enseñó	enseñaba
nosotros	enseñamos	enseñábamos
vosotros	enseñasteis	enseñabais
ellos	enseñaron	enseñaban

	Futuro	**Potencial**
yo	enseñaré	enseñaría
tú	enseñarás	enseñarías
él	enseñará	enseñaría
nosotros	enseñaremos	enseñaríamos
vosotros	enseñaréis	enseñaríais
ellos	enseñarán	enseñarían

Imperfecto de subjuntivo	**Form 1**	**Form 2**
yo	enseñara	enseñase
tú	enseñaras	enseñases
él	enseñara	enseñase
nosotros	enseñáramos	enseñásemos
vosotros	enseñarais	enseñaseis
ellos	enseñaran	enseñasen

	Imperativo	**Gerundio**
(tú)	enseña	enseñando
	no enseñes	
(Ud.)	enseñe	
(nosotros)	enseñemos	**Participio pasado**
(vosotros)	enseñad	enseñado
	no enseñéis	
(Uds.)	enseñen	

ENTENDER
to understand; to intend, to mean
Stem-changing (E > IE) –ER verb

	Presente	**Subjuntivo**
yo	entiendo	entienda
tú	entiendes	entiendas
él	entiende	entienda
nosotros	entendemos	entendamos
vosotros	entendéis	entendáis
ellos	entienden	entiendan

	Pretérito	**Imperfecto**
yo	entendí	entendía
tú	entendiste	entendías
él	entendió	entendía
nosotros	entendimos	entendíamos
vosotros	entendisteis	entendíais
ellos	entendieron	entendían

	Futuro	**Potencial**
yo	entenderé	entendería
tú	entenderás	entenderías
él	entenderá	entendería
nosotros	entenderemos	entenderíamos
vosotros	entenderéis	entenderíais
ellos	entenderán	entenderían

Imperfecto de subjuntivo

	Form 1	**Form 2**
yo	entendiera	entendiese
tú	entendieras	entendieses
él	entendiera	entendiese
nosotros	entendiéramos	entendiésemos
vosotros	entendierais	entendieseis
ellos	entendieran	entendiesen

	Imperativo	**Gerundio**
(tú)	entiende	entendiendo
	no entiendas	
(Ud.)	entienda	
(nosotros)	entendamos	**Participio pasado**
(vosotros)	entended	entendido
	no entendáis	
(Uds.)	entiendan	

ENTRAR
to enter; to bring/show in
Regular –AR verb

	Presente	Subjuntivo
yo	entro	entre
tú	entras	entres
él	entra	entre
nosotros	entramos	entremos
vosotros	entráis	entréis
ellos	entran	entren

	Pretérito	Imperfecto
yo	entré	entraba
tú	entraste	entrabas
él	entró	entraba
nosotros	entramos	entrábamos
vosotros	entrasteis	entrabais
ellos	entraron	entraban

	Futuro	Potencial
yo	entraré	entraría
tú	entrarás	entrarías
él	entrará	entraría
nosotros	entraremos	entraríamos
vosotros	entraréis	entraríais
ellos	entrarán	entrarían

Imperfecto de subjuntivo	Form 1	Form 2
yo	entrara	entrase
tú	entraras	entrases
él	entrara	entrase
nosotros	entráramos	entrásemos
vosotros	entrarais	entraseis
ellos	entraran	entrasen

	Imperativo	Gerundio
(tú)	entra	entrando
	no entres	
(Ud.)	entre	
(nosotros)	entremos	Participio pasado
(vosotros)	entrad	entrado
	no entréis	
(Uds.)	entren	

ENTREGAR
to deliver; to surrender
Spelling-change (G > GU) –AR verb

	Presente	**Subjuntivo**
yo	entrego	entregue
tú	entregas	entregues
él	entrega	entregue
nosotros	entregamos	entreguemos
vosotros	entregáis	entreguéis
ellos	entregan	entreguen

	Pretérito	**Imperfecto**
yo	entregué	entregaba
tú	entregaste	entregabas
él	entregó	entregaba
nosotros	entregamos	entregábamos
vosotros	entregasteis	entregabais
ellos	entregaron	entregaban

	Futuro	**Potencial**
yo	entregaré	entregaría
tú	entregarás	entregarías
él	entregará	entregaría
nosotros	entregaremos	entregaríamos
vosotros	entregaréis	entregaríais
ellos	entregarán	entregarían

Imperfecto de subjuntivo	**Form 1**	**Form 2**
yo	entregara	entregase
tú	entregaras	entregases
él	entregara	entregase
nosotros	entregáramos	entregásemos
vosotros	entregarais	entregaseis
ellos	entregaran	entregasen

	Imperativo	**Gerundio**
(tú)	entrega	entregando
	no entregues	
(Ud.)	entregue	
(nosotros)	entreguemos	**Participio pasado**
(vosotros)	entregad	entregado
	no entreguéis	
(Uds.)	entreguen	

ENTRETENER
to entertain; to hold up, to delay; (se) to amuse o.s., to loiter
Irregular –ER verb

	Presente	**Subjuntivo**
yo	entretengo	entretenga
tú	entretienes	entretengas
él	entretiene	entretenga
nosotros	entretenemos	entretengamos
vosotros	entretenéis	entretengáis
ellos	entretienen	entretengan

	Pretérito	**Imperfecto**
yo	entretuve	entretenía
tú	entretuviste	entretenías
él	entretuvo	entretenía
nosotros	entretuvimos	entreteníamos
vosotros	entretuvisteis	entreteníais
ellos	entretuvieron	entretenían

	Futuro	**Potencial**
yo	entretendré	entretendría
tú	entretendrás	entretendrías
él	entretendrá	entretendría
nosotros	entretendremos	entretendríamos
vosotros	entretendréis	entretendríais
ellos	entretendrán	entretendrían

Imperfecto de subjuntivo	**Form 1**	**Form 2**
yo	entretuviera	entretuviese
tú	entretuvieras	entretuvieses
él	entretuviera	entretuviese
nosotros	entretuviéramos	entretuviésemos
vosotros	entretuvierais	entretuvieseis
ellos	entretuvieran	entretuviesen

	Imperativo	**Gerundio**
(tú)	entretén	entreteniendo
	no entretengas	
(Ud.)	entretenga	
(nosotros)	entretengamos	**Participio pasado**
(vosotros)	entretened	entretenido
	no entretengáis	
(Uds.)	entretengan	

ENVIAR
to send
Regular –AR verb with irregular accentuation

	Presente	**Subjuntivo**
yo	envío	envíe
tú	envías	envíes
él	envía	envíe
nosotros	enviamos	enviemos
vosotros	enviáis	enviéis
ellos	envían	envíen

	Pretérito	**Imperfecto**
yo	envié	enviaba
tú	enviaste	enviabas
él	envió	enviaba
nosotros	enviamos	enviábamos
vosotros	enviasteis	enviabais
ellos	enviaron	enviaban

	Futuro	**Potencial**
yo	enviaré	enviaría
tú	enviarás	enviarías
él	enviará	enviaría
nosotros	enviaremos	enviaríamos
vosotros	enviaréis	enviaríais
ellos	enviarán	enviarían

Imperfecto de subjuntivo	**Form 1**	**Form 2**
yo	enviara	enviase
tú	enviaras	enviases
él	enviara	enviase
nosotros	enviáramos	enviásemos
vosotros	enviarais	enviaseis
ellos	enviaran	enviasen

	Imperativo	**Gerundio**
(tú)	envía	enviando
	no envíes	
(Ud.)	envíe	
(nosotros)	enviemos	**Participio pasado**
(vosotros)	enviad	enviado
	no enviéis	
(Uds.)	envíen	

EQUIVOCAR
to mistake, to miss; (se) to be mistaken, to make a mistake
Spelling-change (C > QU) –AR verb

	Presente	**Subjuntivo**
yo	equivoco	equivoque
tú	equivocas	equivoques
él	equivoca	equivoque
nosotros	equivocamos	equivoquemos
vosotros	equivocáis	equivoquéis
ellos	equivocan	equivoquen

	Pretérito	**Imperfecto**
yo	equivoqué	equivocaba
tú	equivocaste	equivocabas
él	equivocó	equivocaba
nosotros	equivocamos	equivocábamos
vosotros	equivocasteis	equivocabais
ellos	equivocaron	equivocaban

	Futuro	**Potencial**
yo	equivocaré	equivocaría
tú	equivocarás	equivocarías
él	equivocará	equivocaría
nosotros	equivocaremos	equivocaríamos
vosotros	equivocaréis	equivocaríais
ellos	equivocarán	equivocarían

Imperfecto de subjuntivo	**Form 1**	**Form 2**
yo	equivocara	equivocase
tú	equivocaras	equivocases
él	equivocara	equivocase
nosotros	equivocáramos	equivocásemos
vosotros	equivocarais	equivocaseis
ellos	equivocaran	equivocasen

	Imperativo	**Gerundio**
(tú)	equivoca	equivocando
	no equivoques	
(Ud.)	equivoque	
(nosotros)	equivoquemos	**Participio pasado**
(vosotros)	equivocad	equivocado
	no equivoquéis	
(Uds.)	equivoquen	

ERRAR

to err, to miss; to wander
Irregular –AR verb

	Presente	**Subjuntivo**
yo	yerro	yerre
tú	yerras	yerres
él	yerra	yerre
nosotros	erramos	erremos
vosotros	erráis	erréis
ellos	yerran	yerren

	Pretérito	**Imperfecto**
yo	erré	erraba
tú	erraste	errabas
él	erró	erraba
nosotros	erramos	errábamos
vosotros	errasteis	errabais
ellos	erraron	erraban

	Futuro	**Potencial**
yo	erraré	erraría
tú	errarás	errarías
él	errará	erraría
nosotros	erraremos	erraríamos
vosotros	erraréis	erraríais
ellos	errarán	errarían

Imperfecto de subjuntivo	**Form 1**	**Form 2**
yo	errara	errase
tú	erraras	errases
él	errara	errase
nosotros	erráramos	errásemos
vosotros	errarais	erraseis
ellos	erraran	errasen

	Imperativo	**Gerundio**
(tú)	yerra	errando
	no yerres	
(Ud.)	yerre	
(nosotros)	erremos	**Participio pasado**
(vosotros)	errad	errado
	no erréis	
(Uds.)	yerren	

ESCOGER
to choose
Spelling-change (G > J) –ER verb

	Presente	**Subjuntivo**
yo	escojo	escoja
tú	escoges	escojas
él	escoge	escoja
nosotros	escogemos	escojamos
vosotros	escogéis	escojáis
ellos	escogen	escojan

	Pretérito	**Imperfecto**
yo	escogí	escogía
tú	escogiste	escogías
él	escogió	escogía
nosotros	escogimos	escogíamos
vosotros	escogisteis	escogíais
ellos	escogieron	escogían

	Futuro	**Potencial**
yo	escogeré	escogería
tú	escogerás	escogerías
él	escogerá	escogería
nosotros	escogeremos	escogeríamos
vosotros	escogeréis	escogeríais
ellos	escogerán	escogerían

Imperfecto de subjuntivo	**Form 1**	**Form 2**
yo	escogiera	escogiese
tú	escogieras	escogieses
él	escogiera	escogiese
nosotros	escogiéramos	escogiésemos
vosotros	escogierais	escogieseis
ellos	escogieran	escogiesen

	Imperativo	**Gerundio**
(tú)	escoge	escogiendo
	no escojas	
(Ud.)	escoja	
(nosotros)	escojamos	**Participio pasado**
(vosotros)	escoged	escogido
	no escojáis	
(Uds.)	escojan	

ESCRIBIR
to write
Regular –IR verb

	Presente	**Subjuntivo**
yo	escribo	escriba
tú	escribes	escribas
él	escribe	escriba
nosotros	escribimos	escribamos
vosotros	escribís	escribáis
ellos	escriben	escriban

	Pretérito	**Imperfecto**
yo	escribí	escribía
tú	escribiste	escribías
él	escribió	escribía
nosotros	escribimos	escribíamos
vosotros	escribisteis	escribíais
ellos	escribieron	escribían

	Futuro	**Potencial**
yo	escribiré	escribiría
tú	escribirás	escribirías
él	escribirá	escribiría
nosotros	escribiremos	escribiríamos
vosotros	escribiréis	escribiríais
ellos	escribirán	escribirían

Imperfecto de subjuntivo	**Form 1**	**Form 2**
yo	escribiera	escribiese
tú	escribieras	escribieses
él	escribiera	escribiese
nosotros	escribiéramos	escribiésemos
vosotros	escribierais	escribieseis
ellos	escribieran	escribiesen

	Imperativo	**Gerundio**
(tú)	escribe	escribiendo
	no escribas	
(Ud.)	escriba	
(nosotros)	escribamos	**Participio pasado**
(vosotros)	escribid	escrito
	no escribáis	
(Uds.)	escriban	

ESCUCHAR
to listen (to)
Regular –AR verb

	Presente	**Subjuntivo**
yo	escucho	escuche
tú	escuchas	escuches
él	escucha	escuche
nosotros	escuchamos	escuchemos
vosotros	escucháis	escuchéis
ellos	escuchan	escuchen

	Pretérito	**Imperfecto**
yo	escuché	escuchaba
tú	escuchaste	escuchabas
él	escuchó	escuchaba
nosotros	escuchamos	escuchábamos
vosotros	escuchasteis	escuchabais
ellos	escucharon	escuchaban

	Futuro	**Potencial**
yo	escucharé	escucharía
tú	escucharás	escucharías
él	escuchará	escucharía
nosotros	escucharemos	escucharíamos
vosotros	escucharéis	escucharíais
ellos	escucharán	escucharían

Imperfecto de subjuntivo	**Form 1**	**Form 2**
yo	escuchara	escuchase
tú	escucharas	escuchases
él	escuchara	escuchase
nosotros	escucháramos	escuchásemos
vosotros	escucharais	escuchaseis
ellos	escucharan	escuchasen

	Imperativo	**Gerundio**
(tú)	escucha	escuchando
	no escuches	
(Ud.)	escuche	
(nosotros)	escuchemos	**Participio pasado**
(vosotros)	escuchad	escuchado
	no escuchéis	
(Uds.)	escuchen	

ESPARCIR
to spread, to scatter; to amuse, to divert
Spelling-change (C > Z) –IR verb

	Presente	**Subjuntivo**
yo	esparzo	esparza
tú	esparces	esparzas
él	esparce	esparza
nosotros	esparcimos	esparzamos
vosotros	esparcís	esparzáis
ellos	esparcen	esparzan

	Pretérito	**Imperfecto**
yo	esparcí	esparcía
tú	esparciste	esparcías
él	esparció	esparcía
nosotros	esparcimos	esparcíamos
vosotros	esparcisteis	esparcíais
ellos	esparcieron	esparcían

	Futuro	**Potencial**
yo	esparciré	esparciría
tú	esparcirás	esparcirías
él	esparcirá	esparciría
nosotros	esparciremos	esparciríamos
vosotros	esparciréis	esparciríais
ellos	esparcirán	esparcirían

Imperfecto de subjuntivo	**Form 1**	**Form 2**
yo	esparciera	esparciese
tú	esparcieras	esparcieses
él	esparciera	esparciese
nosotros	esparciéramos	esparciésemos
vosotros	esparcierais	esparcieseis
ellos	esparcieran	esparciesen

	Imperativo	**Gerundio**
(tú)	esparce	esparciendo
	no esparzas	
(Ud.)	esparza	
(nosotros)	esparzamos	**Participio pasado**
(vosotros)	esparcid	esparcido
	no esparzáis	
(Uds.)	esparzan	

ESPERAR

to wait, to expect, to hope
Regular –AR verb

	Presente	Subjuntivo
yo	espero	espere
tú	esperas	esperes
él	espera	espere
nosotros	esperamos	esperemos
vosotros	esperáis	esperéis
ellos	esperan	esperen

	Pretérito	Imperfecto
yo	esperé	esperaba
tú	esperaste	esperabas
él	esperó	esperaba
nosotros	esperamos	esperábamos
vosotros	esperasteis	esperabais
ellos	esperaron	esperaban

	Futuro	Potencial
yo	esperaré	esperaría
tú	esperarás	esperarías
él	esperará	esperaría
nosotros	esperaremos	esperaríamos
vosotros	esperaréis	esperaríais
ellos	esperarán	esperarían

Imperfecto de subjuntivo	Form 1	Form 2
yo	esperara	esperase
tú	esperaras	esperases
él	esperara	esperase
nosotros	esperáramos	esperásemos
vosotros	esperarais	esperaseis
ellos	esperaran	esperasen

	Imperativo	Gerundio
(tú)	espera	esperando
	no esperes	
(Ud.)	espere	
(nosotros)	esperemos	Participio pasado
(vosotros)	esperad	esperado
	no esperéis	
(Uds.)	esperen	

ESTAR
to be; progressive auxiliary verb
Irregular –AR verb

	Presente	**Subjuntivo**
yo	estoy	esté
tú	estás	estés
él	está	esté
nosotros	estamos	estemos
vosotros	estáis	estéis
ellos	están	estén

	Pretérito	**Imperfecto**
yo	estuve	estaba
tú	estuviste	estabas
él	estuvo	estaba
nosotros	estuvimos	estábamos
vosotros	estuvisteis	estabais
ellos	estuvieron	estaban

	Futuro	**Potencial**
yo	estaré	estaría
tú	estarás	estarías
él	estará	estaría
nosotros	estaremos	estaríamos
vosotros	estaréis	estaríais
ellos	estarán	estarían

Imperfecto de subjuntivo	**Form 1**	**Form 2**
yo	estuviera	estuviese
tú	estuvieras	estuvieses
él	estuviera	estuviese
nosotros	estuviéramos	estuviésemos
vosotros	estuvierais	estuvieseis
ellos	estuvieran	estuviesen

	Imperativo	**Gerundio**
(tú)	está	estando
	no estés	
(Ud.)	esté	
(nosotros)	estemos	**Participio pasado**
(vosotros)	estad	estado
	no estéis	
(Uds.)	estén	

ESTUDIAR
to study; to think about, to consider
Regular –AR verb

	Presente	**Subjuntivo**
yo	estudio	estudie
tú	estudias	estudies
él	estudia	estudie
nosotros	estudiamos	estudiemos
vosotros	estudiáis	estudiéis
ellos	estudian	estudien

	Pretérito	**Imperfecto**
yo	estudié	estudiaba
tú	estudiaste	estudiabas
él	estudió	estudiaba
nosotros	estudiamos	estudiábamos
vosotros	estudiasteis	estudiabais
ellos	estudiaron	estudiaban

	Futuro	**Potencial**
yo	estudiaré	estudiaría
tú	estudiarás	estudiarías
él	estudiará	estudiaría
nosotros	estudiaremos	estudiaríamos
vosotros	estudiaréis	estudiaríais
ellos	estudiarán	estudiarían

Imperfecto de subjuntivo	**Form 1**	**Form 2**
yo	estudiara	estudiase
tú	estudiaras	estudiases
él	estudiara	estudiase
nosotros	estudiáramos	estudiásemos
vosotros	estudiarais	estudiaseis
ellos	estudiaran	estudiasen

	Imperativo	**Gerundio**
(tú)	estudia	estudiando
	no estudies	
(Ud.)	estudie	
(nosotros)	estudiemos	**Participio pasado**
(vosotros)	estudiad	estudiado
	no estudiéis	
(Uds.)	estudien	

EXPLICAR
to explain
Spelling-change (C > QU) –AR verb

	Presente	**Subjuntivo**
yo	explico	explique
tú	explicas	expliques
él	explica	explique
nosotros	explicamos	expliquemos
vosotros	explicáis	expliquéis
ellos	explican	expliquen

	Pretérito	**Imperfecto**
yo	expliqué	explicaba
tú	explicaste	explicabas
él	explicó	explicaba
nosotros	explicamos	explicábamos
vosotros	explicasteis	explicabais
ellos	explicaron	explicaban

	Futuro	**Potencial**
yo	explicaré	explicaría
tú	explicarás	explicarías
él	explicará	explicaría
nosotros	explicaremos	explicaríamos
vosotros	explicaréis	explicaríais
ellos	explicarán	explicarían

Imperfecto de subjuntivo	**Form 1**	**Form 2**
yo	explicara	explicase
tú	explicaras	explicases
él	explicara	explicase
nosotros	explicáramos	explicásemos
vosotros	explicarais	explicaseis
ellos	explicaran	explicasen

	Imperativo	**Gerundio**
(tú)	explica	explicando
	no expliques	
(Ud.)	explique	
(nosotros)	expliquemos	**Participio pasado**
(vosotros)	explicad	explicado
	no expliquéis	
(Uds.)	expliquen	

EXPRESAR
to express
Regular –AR verb

	Presente	**Subjuntivo**
yo	expreso	exprese
tú	expresas	expreses
él	expresa	exprese
nosotros	expresamos	expresemos
vosotros	expresáis	expreséis
ellos	expresan	expresen

	Pretérito	**Imperfecto**
yo	expresé	expresaba
tú	expresaste	expresabas
él	expresó	expresaba
nosotros	expresamos	expresábamos
vosotros	expresasteis	expresabais
ellos	expresaron	expresaban

	Futuro	**Potencial**
yo	expresaré	expresaría
tú	expresarás	expresarías
él	expresará	expresaría
nosotros	expresaremos	expresaríamos
vosotros	expresaréis	expresaríais
ellos	expresarán	expresarían

Imperfecto de subjuntivo	**Form 1**	**Form 2**
yo	expresara	expresase
tú	expresaras	expresases
él	expresara	expresase
nosotros	expresáramos	expresásemos
vosotros	expresarais	expresaseis
ellos	expresaran	expresasen

	Imperativo	**Gerundio**
(tú)	expresa	expresando
	no expreses	
(Ud.)	exprese	
(nosotros)	expresemos	**Participio pasado**
(vosotros)	expresad	expresado
	no expreséis	
(Uds.)	expresen	

EXTRAÑAR

to miss (someone); to find s.t. strange; (se) to be amazed, surprised
Regular –AR verb

	Presente	**Subjuntivo**
yo	extraño	extrañe
tú	extrañas	extrañes
él	extraña	extrañe
nosotros	extrañamos	extrañemos
vosotros	extrañáis	extrañéis
ellos	extrañan	extrañen

	Pretérito	**Imperfecto**
yo	extrañé	extrañaba
tú	extrañaste	extrañabas
él	extrañó	extrañaba
nosotros	extrañamos	extrañábamos
vosotros	extrañasteis	extrañabais
ellos	extrañaron	extrañaban

	Futuro	**Potencial**
yo	extrañaré	extrañaría
tú	extrañarás	extrañarías
él	extrañará	extrañaría
nosotros	extrañaremos	extrañaríamos
vosotros	extrañaréis	extrañaríais
ellos	extrañarán	extrañarían

Imperfecto de subjuntivo	**Form 1**	**Form 2**
yo	extrañara	extrañase
tú	extrañaras	extrañases
él	extrañara	extrañase
nosotros	extrañáramos	extrañásemos
vosotros	extrañarais	extrañaseis
ellos	extrañaran	extrañasen

	Imperativo	**Gerundio**
(tú)	extraña	extrañando
	no extrañes	
(Ud.)	extrañe	
(nosotros)	extrañemos	**Participio pasado**
(vosotros)	extrañad	extrañado
	no extrañéis	
(Uds.)	extrañen	

FALTARLE
to lack, to be lacking
Regular indirect object pronoun –AR verb

	Presente	**Subjuntivo**
me	falta/faltan	falte/falten
te	falta/faltan	falte/falten
le	falta/faltan	falte/falten
nos	falta/faltan	falte/falten
os	falta/faltan	falte/falten
les	falta/faltan	falte/falten

	Pretérito	**Imperfecto**
me	faltó/faltaron	faltaba/faltaban
te	faltó/faltaron	faltaba/faltaban
le	faltó/faltaron	faltaba/faltaban
nos	faltó/faltaron	faltaba/faltaban
os	faltó/faltaron	faltaba/faltaban
les	faltó/faltaron	faltaba/faltaban

	Futuro	**Potencial**
me	faltará/faltarán	faltaría/faltarían
te	faltará/faltarán	faltaría/faltarían
le	faltará/faltarán	faltaría/faltarían
nos	faltará/faltarán	faltaría/faltarían
os	faltará/faltarán	faltaría/faltarían
les	faltará/faltarán	faltaría/faltarían

Imperfecto de subjuntivo	**Form 1**	**Form 2**
me	faltara/faltaran	faltase/faltasen
te	faltara/faltaran	faltase/faltasen
le	faltara/faltaran	faltase/faltasen
nos	faltara/faltaran	faltase/faltasen
os	faltara/faltaran	faltase/faltasen
les	faltara/faltaran	faltase/faltasen

Imperativo	**Gerundio**	**Participio pasado**
le falte/falten	faltando	faltado

FIJARSE
to affix, to settle on; to pay attention, to notice
Regular Reflexive –AR verb

	Presente	**Subjuntivo**
yo me	fijo	fije
tú te	fijas	fijes
él se	fija	fije
nosotros nos	fijamos	fijemos
vosotros os	fijáis	fijéis
ellos se	fijan	fijen

	Pretérito	**Imperfecto**
yo me	fijé	fijaba
tú te	fijaste	fijabas
él se	fijó	fijaba
nosotros nos	fijamos	fijábamos
vosotros os	fijasteis	fijabais
ellos se	fijaron	fijaban

	Futuro	**Potencial**
yo me	fijaré	fijaría
tú te	fijarás	fijarías
él se	fijará	fijaría
nosotros nos	fijaremos	fijaríamos
vosotros os	fijaréis	fijaríais
ellos se	fijarán	fijarían

Imperfecto de subjuntivo	**Form 1**	**Form 2**
yo me	fijara	fijase
tú te	fijaras	fijases
él se	fijara	fijase
nosotros nos	fijáramos	fijásemos
vosotros os	fijarais	fijaseis
ellos se	fijaran	fijasen

	Imperativo	**Gerundio**
(tú)	fíjate	fijando
	no te fijes	
(Ud.)	fíjese	
(nosotros)	fijémonos	**Participio pasado**
(vosotros)	fijaos	fijado
	no os fijéis	
(Uds.)	fíjense	

FIRMAR
to sign
Regular –AR verb

	Presente	Subjuntivo
yo	firmo	firme
tú	firmas	firmes
él	firma	firme
nosotros	firmamos	firmemos
vosotros	firmáis	firméis
ellos	firman	firmen

	Pretérito	Imperfecto
yo	firmé	firmaba
tú	firmaste	firmabas
él	firmó	firmaba
nosotros	firmamos	firmábamos
vosotros	firmasteis	firmabais
ellos	firmaron	firmaban

	Futuro	Potencial
yo	firmaré	firmaría
tú	firmarás	firmarías
él	firmará	firmaría
nosotros	firmaremos	firmaríamos
vosotros	firmaréis	firmaríais
ellos	firmarán	firmarían

Imperfecto de subjuntivo	Form 1	Form 2
yo	firmara	firmase
tú	firmaras	firmases
él	firmara	firmase
nosotros	firmáramos	firmásemos
vosotros	firmarais	firmaseis
ellos	firmaran	firmasen

	Imperativo	Gerundio
(tú)	firma	firmando
	no firmes	
(Ud.)	firme	
(nosotros)	firmemos	**Participio pasado**
(vosotros)	firmad	firmado
	no firméis	
(Uds.)	firmen	

FUMAR
to smoke
Regular –AR verb

	Presente	**Subjuntivo**
yo	fumo	fume
tú	fumas	fumes
él	fuma	fume
nosotros	fumamos	fumemos
vosotros	fumáis	fuméis
ellos	fuman	fumen

	Pretérito	**Imperfecto**
yo	fumé	fumaba
tú	fumaste	fumabas
él	fumó	fumaba
nosotros	fumamos	fumábamos
vosotros	fumasteis	fumabais
ellos	fumaron	fumaban

	Futuro	**Potencial**
yo	fumaré	fumaría
tú	fumarás	fumarías
él	fumará	fumaría
nosotros	fumaremos	fumaríamos
vosotros	fumaréis	fumaríais
ellos	fumarán	fumarían

Imperfecto de subjuntivo	**Form 1**	**Form 2**
yo	fumara	fumase
tú	fumaras	fumases
él	fumara	fumase
nosotros	fumáramos	fumásemos
vosotros	fumarais	fumaseis
ellos	fumaran	fumasen

	Imperativo	**Gerundio**
(tú)	fuma	fumando
	no fumes	
(Ud.)	fume	
(nosotros)	fumemos	**Participio pasado**
(vosotros)	fumad	fumado
	no fuméis	
(Uds.)	fumen	

GANAR
to win, to earn, to gain
Regular –AR verb

	Presente	**Subjuntivo**
yo	gano	gane
tú	ganas	ganes
él	gana	gane
nosotros	ganamos	ganemos
vosotros	ganáis	ganéis
ellos	ganan	ganen

	Pretérito	**Imperfecto**
yo	gané	ganaba
tú	ganaste	ganabas
él	ganó	ganaba
nosotros	ganamos	ganábamos
vosotros	ganasteis	ganabais
ellos	ganaron	ganaban

	Futuro	**Potencial**
yo	ganaré	ganaría
tú	ganarás	ganarías
él	ganará	ganaría
nosotros	ganaremos	ganaríamos
vosotros	ganaréis	ganaríais
ellos	ganarán	ganarían

Imperfecto de subjuntivo	**Form 1**	**Form 2**
yo	ganara	ganase
tú	ganaras	ganases
él	ganara	ganase
nosotros	ganáramos	ganásemos
vosotros	ganarais	ganaseis
ellos	ganaran	ganasen

	Imperativo	**Gerundio**
(tú)	gana	ganando
	no ganes	
(Ud.)	gane	
(nosotros)	ganemos	**Participio pasado**
(vosotros)	ganad	ganado
	no ganéis	
(Uds.)	ganen	

GASTAR
to spend, to use up, to waste
Regular –AR verb

	Presente	**Subjuntivo**
yo	gasto	gaste
tú	gastas	gastes
él	gasta	gaste
nosotros	gastamos	gastemos
vosotros	gastáis	gastéis
ellos	gastan	gasten

	Pretérito	**Imperfecto**
yo	gasté	gastaba
tú	gastaste	gastabas
él	gastó	gastaba
nosotros	gastamos	gastábamos
vosotros	gastasteis	gastabais
ellos	gastaron	gastaban

	Futuro	**Potencial**
yo	gastaré	gastaría
tú	gastarás	gastarías
él	gastará	gastaría
nosotros	gastaremos	gastaríamos
vosotros	gastaréis	gastaríais
ellos	gastarán	gastarían

Imperfecto de subjuntivo	**Form 1**	**Form 2**
yo	gastara	gastase
tú	gastaras	gastases
él	gastara	gastase
nosotros	gastáramos	gastásemos
vosotros	gastarais	gastaseis
ellos	gastaran	gastasen

	Imperativo	**Gerundio**
(tú)	gasta	gastando
	no gastes	
(Ud.)	gaste	
(nosotros)	gastemos	**Participio pasado**
(vosotros)	gastad	gastado
	no gastéis	
(Uds.)	gasten	

GRITAR
to shout, to scream, to yell
Regular –AR verb

	Presente	**Subjuntivo**
yo	grito	grite
tú	gritas	grites
él	grita	grite
nosotros	gritamos	gritemos
vosotros	gritáis	gritéis
ellos	gritan	griten

	Pretérito	**Imperfecto**
yo	grité	gritaba
tú	gritaste	gritabas
él	gritó	gritaba
nosotros	gritamos	gritábamos
vosotros	gritasteis	gritabais
ellos	gritaron	gritaban

	Futuro	**Potencial**
yo	gritaré	gritaría
tú	gritarás	gritarías
él	gritará	gritaría
nosotros	gritaremos	gritaríamos
vosotros	gritaréis	gritaríais
ellos	gritarán	gritarían

Imperfecto de subjuntivo	**Form 1**	**Form 2**
yo	gritara	gritase
tú	gritaras	gritases
él	gritara	gritase
nosotros	gritáramos	gritásemos
vosotros	gritarais	gritaseis
ellos	gritaran	gritasen

	Imperativo	**Gerundio**
(tú)	grita	gritando
	no grites	
(Ud.)	grite	
(nosotros)	gritemos	**Participio pasado**
(vosotros)	gritad	gritado
	no gritéis	
(Uds.)	griten	

GRUÑIR
to grunt, to growl, to grumble
Regular –IR verb, except unstressed I after Ñ is dropped

	Presente	**Subjuntivo**
yo	gruño	gruña
tú	gruñes	gruñas
él	gruñe	gruña
nosotros	gruñimos	gruñamos
vosotros	gruñís	gruñáis
ellos	gruñen	gruñan

	Pretérito	**Imperfecto**
yo	gruñí	gruñía
tú	gruñiste	gruñías
él	gruñó	gruñía
nosotros	gruñimos	gruñíamos
vosotros	gruñisteis	gruñíais
ellos	gruñeron	gruñían

	Futuro	**Potencial**
yo	gruñiré	gruñiría
tú	gruñirás	gruñirías
él	gruñirá	gruñiría
nosotros	gruñiremos	gruñiríamos
vosotros	gruñiréis	gruñiríais
ellos	gruñirán	gruñirían

Imperfecto de subjuntivo	**Form 1**	**Form 2**
yo	gruñera	gruñese
tú	gruñeras	gruñeses
él	gruñera	gruñese
nosotros	gruñéramos	gruñésemos
vosotros	gruñerais	gruñeseis
ellos	gruñeran	gruñesen

	Imperativo	**Gerundio**
(tú)	gruñe	gruñendo
	no gruñas	
(Ud.)	gruña	
(nosotros)	gruñamos	**Participio pasado**
(vosotros)	gruñid	gruñido
	no gruñáis	
(Uds.)	gruñan	

GUSTARLE
to like (literally "to be pleasing to")
Regular indirect object pronoun –AR verb

	Presente	**Subjuntivo**
me	gusta/gustan	guste/gusten
te	gusta/gustan	guste/gusten
le	gusta/gustan	guste/gusten
nos	gusta/gustan	guste/gusten
os	gusta/gustan	guste/gusten
les	gusta/gustan	guste/gusten

	Pretérito	**Imperfecto**
me	gustó/gustaron	gustaba/gustaban
te	gustó/gustaron	gustaba/gustaban
le	gustó/gustaron	gustaba/gustaban
nos	gustó/gustaron	gustaba/gustaban
os	gustó/gustaron	gustaba/gustaban
les	gustó/gustaron	gustaba/gustaban

	Futuro	**Potencial**
me	gustará/gustarán	gustaría/gustarían
te	gustará/gustarán	gustaría/gustarían
le	gustará/gustarán	gustaría/gustarían
nos	gustará/gustarán	gustaría/gustarían
os	gustará/gustarán	gustaría/gustarían
les	gustará/gustarán	gustaría/gustarían

Imperfecto de subjuntivo	**Form 1**	**Form 2**
me	gustara/gustaran	gustase/gustasen
te	gustara/gustaran	gustase/gustasen
le	gustara/gustaran	gustase/gustasen
nos	gustara/gustaran	gustase/gustasen
os	gustara/gustaran	gustase/gustasen
les	gustara/gustaran	gustase/gustasen

Imperativo	**Gerundio**	**Participio pasado**
le guste/gusten	gustando	gustado

HABER

to have (perfect auxiliary verb); there is/are (impersonal conjugation)
Irregular –ER verb

	Presente	**Subjuntivo**
yo	he	haya
tú	has	hayas
él	ha	haya
nosotros	hemos	hayamos
vosotros	habéis	hayáis
ellos	han	hayan

	Pretérito	**Imperfecto**
yo	hube	había
tú	hubiste	habías
él	hubo	había
nosotros	hubimos	habíamos
vosotros	hubisteis	habíais
ellos	hubieron	habían

	Futuro	**Potencial**
yo	habré	habría
tú	habrás	habrías
él	habrá	habría
nosotros	habremos	habríamos
vosotros	habréis	habríais
ellos	habrán	habrían

Imperfecto de subjuntivo	**Form 1**	**Form 2**
yo	hubiera	hubiese
tú	hubieras	hubieses
él	hubiera	hubiese
nosotros	hubiéramos	hubiésemos
vosotros	hubierais	hubieseis
ellos	hubieran	hubiesen

	Imperativo	**Gerundio**
(tú)	he	habiendo
	no hayas	
(Ud.)	haya	
(nosotros)	hayamos	**Participio pasado**
(vosotros)	habed	habido
	no hayáis	
(Uds.)	hayan	

HABLAR
to talk, to speak
Regular –AR verb

	Presente	Subjuntivo
yo	hablo	hable
tú	hablas	hables
él	habla	hable
nosotros	hablamos	hablemos
vosotros	habláis	habléis
ellos	hablan	hablen

	Pretérito	Imperfecto
yo	hablé	hablaba
tú	hablaste	hablabas
él	habló	hablaba
nosotros	hablamos	hablábamos
vosotros	hablasteis	hablabais
ellos	hablaron	hablaban

	Futuro	Potencial
yo	hablaré	hablaría
tú	hablarás	hablarías
él	hablará	hablaría
nosotros	hablaremos	hablaríamos
vosotros	hablaréis	hablaríais
ellos	hablarán	hablarían

Imperfecto de subjuntivo	Form 1	Form 2
yo	hablara	hablase
tú	hablaras	hablases
él	hablara	hablase
nosotros	habláramos	hablásemos
vosotros	hablarais	hablaseis
ellos	hablaran	hablasen

	Imperativo	Gerundio
(tú)	habla	hablando
	no hables	
(Ud.)	hable	
(nosotros)	hablemos	**Participio pasado**
(vosotros)	hablad	hablado
	no habléis	
(Uds.)	hablen	

HACER
to do, to make
Irregular –ER verb

	Presente	Subjuntivo
yo	hago	haga
tú	haces	hagas
él	hace	haga
nosotros	hacemos	hagamos
vosotros	hacéis	hagáis
ellos	hacen	hagan

	Pretérito	Imperfecto
yo	hice	hacía
tú	hiciste	hacías
él	hizo	hacía
nosotros	hicimos	hacíamos
vosotros	hicisteis	hacíais
ellos	hicieron	hacían

	Futuro	Potencial
yo	haré	haría
tú	harás	harías
él	hará	haría
nosotros	haremos	haríamos
vosotros	haréis	haríais
ellos	harán	harían

Imperfecto de subjuntivo	Form 1	Form 2
yo	hiciera	hiciese
tú	hicieras	hicieses
él	hiciera	hiciese
nosotros	hiciéramos	hiciésemos
vosotros	hicierais	hicieseis
ellos	hicieran	hiciesen

	Imperativo	Gerundio
(tú)	haz	haciendo
	no hagas	
(Ud.)	haga	
(nosotros)	hagamos	Participio pasado
(vosotros)	haced	hecho
	no hagáis	
(Uds.)	hagan	

HALLAR
to find, to come across, to run up against; (se) to be, to find o.s.
Regular –AR verb

	Presente	**Subjuntivo**
yo	hallo	halle
tú	hallas	halles
él	halla	halle
nosotros	hallamos	hallemos
vosotros	halláis	halléis
ellos	hallan	hallen

	Pretérito	**Imperfecto**
yo	hallé	hallaba
tú	hallaste	hallabas
él	halló	hallaba
nosotros	hallamos	hallábamos
vosotros	hallasteis	hallabais
ellos	hallaron	hallaban

	Futuro	**Potencial**
yo	hallaré	hallaría
tú	hallarás	hallarías
él	hallará	hallaría
nosotros	hallaremos	hallaríamos
vosotros	hallaréis	hallaríais
ellos	hallarán	hallarían

Imperfecto de subjuntivo	**Form 1**	**Form 2**
yo	hallara	hallase
tú	hallaras	hallases
él	hallara	hallase
nosotros	halláramos	hallásemos
vosotros	hallarais	hallaseis
ellos	hallaran	hallasen

	Imperativo	**Gerundio**
(tú)	halla	hallando
	no halles	
(Ud.)	halle	
(nosotros)	hallemos	**Participio pasado**
(vosotros)	hallad	hallado
	no halléis	
(Uds.)	hallen	

HUIR

to flee, to escape

Irregular –IR verb (Y added before endings beginning with anything but I)

	Presente	Subjuntivo
yo	huyo	huya
tú	huyes	huyas
él	huye	huya
nosotros	huimos	huyamos
vosotros	huís	huyáis
ellos	huyen	huyan

	Pretérito	Imperfecto
yo	huí	huía
tú	huiste	huías
él	huyó	huía
nosotros	huimos	huíamos
vosotros	huisteis	huíais
ellos	huyeron	huían

	Futuro	Potencial
yo	huiré	huiría
tú	huirás	huirías
él	huirá	huiría
nosotros	huiremos	huiríamos
vosotros	huiréis	huiríais
ellos	huirán	huirían

Imperfecto de subjuntivo	Form 1	Form 2
yo	huyera	huyese
tú	huyeras	huyeses
él	huyera	huyese
nosotros	huyéramos	huyésemos
vosotros	huyerais	huyeseis
ellos	huyeran	huyesen

	Imperativo	Gerundio
(tú)	huye	huyendo
	no huyas	
(Ud.)	huya	
(nosotros)	huyamos	**Participio pasado**
(vosotros)	huid	huido
	no huyáis	
(Uds.)	huyan	

IMPORTARLE
to matter, to be important to; to cost
Regular indirect object pronoun –AR verb

	Presente	**Subjuntivo**
me	importa/importan	importe/importen
te	importa/importan	importe/importen
le	importa/importan	importe/importen
nos	importa/importan	importe/importen
os	importa/importan	importe/importen
les	importa/importan	importe/importen

	Pretérito	**Imperfecto**
me	importó/importaron	importaba/importaban
te	importó/importaron	importaba/importaban
le	importó/importaron	importaba/importaban
nos	importó/importaron	importaba/importaban
os	importó/importaron	importaba/importaban
les	importó/importaron	importaba/importaban

	Futuro	**Potencial**
me	importará/importarán	importaría/importarían
te	importará/importarán	importaría/importarían
le	importará/importarán	importaría/importarían
nos	importará/importarán	importaría/importarían
os	importará/importarán	importaría/importarían
les	importará/importarán	importaría/importarían

Imperfecto de subjuntivo	**Form 1**	**Form 2**
me	importara/importaran	importase/importasen
te	importara/importaran	importase/importasen
le	importara/importaran	importase/importasen
nos	importara/importaran	importase/importasen
os	importara/importaran	importase/importasen
les	importara/importaran	importase/importasen

Imperativo	**Gerundio**	**Participio pasado**
le importe/importen	importando	importado

INCLUIR

to include, to contain

Irregular –IR verb (Y added before endings beginning with anything but I)

	Presente	**Subjuntivo**
yo	incluyo	incluya
tú	incluyes	incluyas
él	incluye	incluya
nosotros	incluimos	incluyamos
vosotros	incluís	incluyáis
ellos	incluyen	incluyan

	Pretérito	**Imperfecto**
yo	incluí	incluía
tú	incluiste	incluías
él	incluyó	incluía
nosotros	incluimos	incluíamos
vosotros	incluisteis	incluíais
ellos	incluyeron	incluían

	Futuro	**Potencial**
yo	incluiré	incluiría
tú	incluirás	incluirías
él	incluirá	incluiría
nosotros	incluiremos	incluiríamos
vosotros	incluiréis	incluiríais
ellos	incluirán	incluirían

Imperfecto de subjuntivo

	Form 1	**Form 2**
yo	incluyera	incluyese
tú	incluyeras	incluyeses
él	incluyera	incluyese
nosotros	incluyéramos	incluyésemos
vosotros	incluyerais	incluyeseis
ellos	incluyeran	incluyesen

	Imperativo	**Gerundio**
(tú)	incluye	incluyendo
	no incluyas	
(Ud.)	incluya	
(nosotros)	incluyamos	**Participio pasado**
(vosotros)	incluid	incluido
	no incluyáis	
(Uds.)	incluyan	

INDICAR

to point out, to indicate
Spelling-change (C > QU) –AR verb

	Presente	**Subjuntivo**
yo	indico	indique
tú	indicas	indiques
él	indica	indique
nosotros	indicamos	indiquemos
vosotros	indicáis	indiquéis
ellos	indican	indiquen

	Pretérito	**Imperfecto**
yo	indiqué	indicaba
tú	indicaste	indicabas
él	indicó	indicaba
nosotros	indicamos	indicábamos
vosotros	indicasteis	indicabais
ellos	indicaron	indicaban

	Futuro	**Potencial**
yo	indicaré	indicaría
tú	indicarás	indicarías
él	indicará	indicaría
nosotros	indicaremos	indicaríamos
vosotros	indicaréis	indicaríais
ellos	indicarán	indicarían

Imperfecto de subjuntivo	**Form 1**	**Form 2**
yo	indicara	indicase
tú	indicaras	indicases
él	indicara	indicase
nosotros	indicáramos	indicásemos
vosotros	indicarais	indicaseis
ellos	indicaran	indicasen

	Imperativo	**Gerundio**
(tú)	indica	indicando
	no indiques	
(Ud.)	indique	
(nosotros)	indiquemos	**Participio pasado**
(vosotros)	indicad	indicado
	no indiquéis	
(Uds.)	indiquen	

INTERRUMPIR
to interrupt
Regular –IR verb

	Presente	**Subjuntivo**
yo	interrumpo	interrumpa
tú	interrumpes	interrumpas
él	interrumpe	interrumpa
nosotros	interrumpimos	interrumpamos
vosotros	interrumpís	interrumpáis
ellos	interrumpen	interrumpan

	Pretérito	**Imperfecto**
yo	interrumpí	interrumpía
tú	interrumpiste	interrumpías
él	interrumpió	interrumpía
nosotros	interrumpimos	interrumpíamos
vosotros	interrumpisteis	interrumpíais
ellos	interrumpieron	interrumpían

	Futuro	**Potencial**
yo	interrumpiré	interrumpiría
tú	interrumpirás	interrumpirías
él	interrumpirá	interrumpiría
nosotros	interrumpiremos	interrumpiríamos
vosotros	interrumpiréis	interrumpiríais
ellos	interrumpirán	interrumpirían

Imperfecto de subjuntivo	**Form 1**	**Form 2**
yo	interrumpiera	interrumpiese
tú	interrumpieras	interrumpieses
él	interrumpiera	interrumpiese
nosotros	interrumpiéramos	interrumpiésemos
vosotros	interrumpierais	interrumpieseis
ellos	interrumpieran	interrumpiesen

	Imperativo	**Gerundio**
(tú)	interrumpe	interrumpiendo
	no interrumpas	
(Ud.)	interrumpa	
(nosotros)	interrumpamos	**Participio pasado**
(vosotros)	interrumpid	interrumpido
	no interrumpáis	
(Uds.)	interrumpan	

INTRODUCIR
to introduce, to insert, to input
Spelling-change (C > ZC) –IR verb, irregular preterite
and imperfect subjunctive

	Presente	**Subjuntivo**
yo	introduzco	introduzca
tú	introduces	introduzcas
él	introduce	introduzca
nosotros	introducimos	introduzcamos
vosotros	introducís	introduzcáis
ellos	introducen	introduzcan

	Pretérito	**Imperfecto**
yo	introduje	introducía
tú	introdujiste	introducías
él	introdujo	introducía
nosotros	introdujimos	introducíamos
vosotros	introdujisteis	introducíais
ellos	introdujeron	introducían

	Futuro	**Potencial**
yo	introduciré	introduciría
tú	introducirás	introducirías
él	introducirá	introduciría
nosotros	introduciremos	introduciríamos
vosotros	introduciréis	introduciríais
ellos	introducirán	introducirían

Imperfecto de subjuntivo	**Form 1**	**Form 2**
yo	introdujera	introdujese
tú	introdujeras	introdujeses
él	introdujera	introdujese
nosotros	introdujéramos	introdujésemos
vosotros	introdujerais	introdujeseis
ellos	introdujeran	introdujesen

	Imperativo	**Gerundio**
(tú)	introduce	introduciendo
	no introduzcas	
(Ud.)	introduzca	
(nosotros)	introduzcamos	**Participio pasado**
(vosotros)	introducid	introducido
	no introduzcáis	
(Uds.)	introduzcan	

IR
to go; (se) to go away
Irregular –IR verb

	Presente	**Subjuntivo**
yo	voy	vaya
tú	vas	vayas
él	va	vaya
nosotros	vamos	vayamos
vosotros	vais	vayáis
ellos	van	vayan

	Pretérito	**Imperfecto**
yo	fui	iba
tú	fuiste	ibas
él	fue	iba
nosotros	fuimos	íbamos
vosotros	fuisteis	ibais
ellos	fueron	iban

	Futuro	**Potencial**
yo	iré	iría
tú	irás	irías
él	irá	iría
nosotros	iremos	iríamos
vosotros	iréis	iríais
ellos	irán	irían

Imperfecto de subjuntivo	**Form 1**	**Form 2**
yo	fuera	fuese
tú	fueras	fueses
él	fuera	fuese
nosotros	fuéramos	fuésemos
vosotros	fuerais	fueseis
ellos	fueran	fuesen

	Imperativo	**Gerundio**
(tú)	ve	yendo
	no vayas	
(Ud.)	vaya	
(nosotros)	vamos	**Participio pasado**
	no vayamos	ido
(vosotros)	id	
	no vayáis	
(Uds.)	vayan	

JUGAR
to play
Stem-changing (U > UE) and spelling-change (G > GU) –AR verb

	Presente	**Subjuntivo**
yo	juego	juegue
tú	juegas	juegues
él	juega	juegue
nosotros	jugamos	juguemos
vosotros	jugáis	juguéis
ellos	juegan	jueguen

	Pretérito	**Imperfecto**
yo	jugué	jugaba
tú	jugaste	jugabas
él	jugó	jugaba
nosotros	jugamos	jugábamos
vosotros	jugasteis	jugabais
ellos	jugaron	jugaban

	Futuro	**Potencial**
yo	jugaré	jugaría
tú	jugarás	jugarías
él	jugará	jugaría
nosotros	jugaremos	jugaríamos
vosotros	jugaréis	jugaríais
ellos	jugarán	jugarían

Imperfecto de subjuntivo	**Form 1**	**Form 2**
yo	jugara	jugase
tú	jugaras	jugases
él	jugara	jugase
nosotros	jugáramos	jugásemos
vosotros	jugarais	jugaseis
ellos	jugaran	jugasen

	Imperativo	**Gerundio**
(tú)	juega	jugando
	no juegues	
(Ud.)	juegue	
(nosotros)	juguemos	**Participio pasado**
(vosotros)	jugad	jugado
	no juguéis	
(Uds.)	jueguen	

JUNTAR
to join, to connect, to amass
Regular –AR verb

	Presente	**Subjuntivo**
yo	junto	junte
tú	juntas	juntes
él	junta	junte
nosotros	juntamos	juntemos
vosotros	juntáis	juntéis
ellos	juntan	junten

	Pretérito	**Imperfecto**
yo	junté	juntaba
tú	juntaste	juntabas
él	juntó	juntaba
nosotros	juntamos	juntábamos
vosotros	juntasteis	juntabais
ellos	juntaron	juntaban

	Futuro	**Potencial**
yo	juntaré	juntaría
tú	juntarás	juntarías
él	juntará	juntaría
nosotros	juntaremos	juntaríamos
vosotros	juntaréis	juntaríais
ellos	juntarán	juntarían

Imperfecto de subjuntivo	**Form 1**	**Form 2**
yo	juntara	juntase
tú	juntaras	juntases
él	juntara	juntase
nosotros	juntáramos	juntásemos
vosotros	juntarais	juntaseis
ellos	juntaran	juntasen

	Imperativo	**Gerundio**
(tú)	junta	juntando
	no juntes	
(Ud.)	junte	
(nosotros)	juntemos	**Participio pasado**
(vosotros)	juntad	juntado
	no juntéis	
(Uds.)	junten	

LASTIMAR

to hurt, to injure; to distress, to pity; (se) to hurt o.s.; to complain; to pity
Regular –AR verb

	Presente	**Subjuntivo**
yo	lastimo	lastime
tú	lastimas	lastimes
él	lastima	lastime
nosotros	lastimamos	lastimemos
vosotros	lastimáis	lastiméis
ellos	lastiman	lastimen

	Pretérito	**Imperfecto**
yo	lastimé	lastimaba
tú	lastimaste	lastimabas
él	lastimó	lastimaba
nosotros	lastimamos	lastimábamos
vosotros	lastimasteis	lastimabais
ellos	lastimaron	lastimaban

	Futuro	**Potencial**
yo	lastimaré	lastimaría
tú	lastimarás	lastimarías
él	lastimará	lastimaría
nosotros	lastimaremos	lastimaríamos
vosotros	lastimaréis	lastimaríais
ellos	lastimarán	lastimarían

Imperfecto de subjuntivo	**Form 1**	**Form 2**
yo	lastimara	lastimase
tú	lastimaras	lastimases
él	lastimara	lastimase
nosotros	lastimáramos	lastimásemos
vosotros	lastimarais	lastimaseis
ellos	lastimaran	lastimasen

	Imperativo	**Gerundio**
(tú)	lastima	lastimando
	no lastimes	
(Ud.)	lastime	
(nosotros)	lastimemos	**Participio pasado**
(vosotros)	lastimad	lastimado
	no lastiméis	
(Uds.)	lastimen	

LAVAR
to wash; (se) to wash o.s., to bathe
Regular –AR verb

	Presente	**Subjuntivo**
yo	lavo	lave
tú	lavas	laves
él	lava	lave
nosotros	lavamos	lavemos
vosotros	laváis	lavéis
ellos	lavan	laven

	Pretérito	**Imperfecto**
yo	lavé	lavaba
tú	lavaste	lavabas
él	lavó	lavaba
nosotros	lavamos	lavábamos
vosotros	lavasteis	lavabais
ellos	lavaron	lavaban

	Futuro	**Potencial**
yo	lavaré	lavaría
tú	lavarás	lavarías
él	lavará	lavaría
nosotros	lavaremos	lavaríamos
vosotros	lavaréis	lavaríais
ellos	lavarán	lavarían

Imperfecto de subjuntivo	**Form 1**	**Form 2**
yo	lavara	lavase
tú	lavaras	lavases
él	lavara	lavase
nosotros	laváramos	lavásemos
vosotros	lavarais	lavaseis
ellos	lavaran	lavasen

	Imperativo	**Gerundio**
(tú)	lava	lavando
	no laves	
(Ud.)	lave	
(nosotros)	lavemos	**Participio pasado**
(vosotros)	lavad	lavado
	no lavéis	
(Uds.)	laven	

LEER
to read
Irregular –ER verb

	Presente	Subjuntivo
yo	leo	lea
tú	lees	leas
él	lee	lea
nosotros	leemos	leamos
vosotros	leéis	leáis
ellos	leen	lean

	Pretérito	Imperfecto
yo	leí	leía
tú	leíste	leías
él	leyó	leía
nosotros	leímos	leíamos
vosotros	leísteis	leíais
ellos	leyeron	leían

	Futuro	Potencial
yo	leeré	leería
tú	leerás	leerías
él	leerá	leería
nosotros	leeremos	leeríamos
vosotros	leeréis	leeríais
ellos	leerán	leerían

Imperfecto de subjuntivo

	Form 1	Form 2
yo	leyera	leyese
tú	leyeras	leyeses
él	leyera	leyese
nosotros	leyéramos	leyésemos
vosotros	leyerais	leyeseis
ellos	leyeran	leyesen

	Imperativo	Gerundio
(tú)	lee	leyendo
	no leas	
(Ud.)	lea	
(nosotros)	leamos	**Participio pasado**
(vosotros)	leed	leído
	no leáis	
(Uds.)	lean	

LEVANTAR
to lift, to raise; (se) to rise, to get up, to stand up
Regular –AR verb

	Presente	**Subjuntivo**
yo	levanto	levante
tú	levantas	levantes
él	levanta	levante
nosotros	levantamos	levantemos
vosotros	levantáis	levantéis
ellos	levantan	levanten

	Pretérito	**Imperfecto**
yo	levanté	levantaba
tú	levantaste	levantabas
él	levantó	levantaba
nosotros	levantamos	levantábamos
vosotros	levantasteis	levantabais
ellos	levantaron	levantaban

	Futuro	**Potencial**
yo	levantaré	levantaría
tú	levantarás	levantarías
él	levantará	levantaría
nosotros	levantaremos	levantaríamos
vosotros	levantaréis	levantaríais
ellos	levantarán	levantarían

Imperfecto de subjuntivo	**Form 1**	**Form 2**
yo	levantara	levantase
tú	levantaras	levantases
él	levantara	levantase
nosotros	levantáramos	levantásemos
vosotros	levantarais	levantaseis
ellos	levantaran	levantasen

	Imperativo	**Gerundio**
(tú)	levanta	levantando
	no levantes	
(Ud.)	levante	
(nosotros)	levantemos	**Participio pasado**
(vosotros)	levantad	levantado
	no levantéis	
(Uds.)	levanten	

LIMPIAR
to clean, to wipe
Regular –AR verb

	Presente	**Subjuntivo**
yo	limpio	limpie
tú	limpias	limpies
él	limpia	limpie
nosotros	limpiamos	limpiemos
vosotros	limpiáis	limpiéis
ellos	limpian	limpien

	Pretérito	**Imperfecto**
yo	limpié	limpiaba
tú	limpiaste	limpiabas
él	limpió	limpiaba
nosotros	limpiamos	limpiábamos
vosotros	limpiasteis	limpiabais
ellos	limpiaron	limpiaban

	Futuro	**Potencial**
yo	limpiaré	limpiaría
tú	limpiarás	limpiarías
él	limpiará	limpiaría
nosotros	limpiaremos	limpiaríamos
vosotros	limpiaréis	limpiaríais
ellos	limpiarán	limpiarían

Imperfecto de subjuntivo	**Form 1**	**Form 2**
yo	limpiara	limpiase
tú	limpiaras	limpiases
él	limpiara	limpiase
nosotros	limpiáramos	limpiásemos
vosotros	limpiarais	limpiaseis
ellos	limpiaran	limpiasen

	Imperativo	**Gerundio**
(tú)	limpia	limpiando
	no limpies	
(Ud.)	limpie	
(nosotros)	limpiemos	**Participio pasado**
(vosotros)	limpiad	limpiado
	no limpiéis	
(Uds.)	limpien	

LLAMAR
to call, to name; to draw, to attract; (se) to be named
Regular −AR verb

	Presente	**Subjuntivo**
yo	llamo	llame
tú	llamas	llames
él	llama	llame
nosotros	llamamos	llamemos
vosotros	llamáis	llaméis
ellos	llaman	llamen

	Pretérito	**Imperfecto**
yo	llamé	llamaba
tú	llamaste	llamabas
él	llamó	llamaba
nosotros	llamamos	llamábamos
vosotros	llamasteis	llamabais
ellos	llamaron	llamaban

	Futuro	**Potencial**
yo	llamaré	llamaría
tú	llamarás	llamarías
él	llamará	llamaría
nosotros	llamaremos	llamaríamos
vosotros	llamaréis	llamaríais
ellos	llamarán	llamarían

Imperfecto de subjuntivo	**Form 1**	**Form 2**
yo	llamara	llamase
tú	llamaras	llamases
él	llamara	llamase
nosotros	llamáramos	llamásemos
vosotros	llamarais	llamaseis
ellos	llamaran	llamasen

	Imperativo	**Gerundio**
(tú)	llama	llamando
	no llames	
(Ud.)	llame	
(nosotros)	llamemos	**Participio pasado**
(vosotros)	llamad	llamado
	no llaméis	
(Uds.)	llamen	

LLEGAR
to arrive, to reach
Spelling-change (G > GU) –AR verb

	Presente	**Subjuntivo**
yo	llego	llegue
tú	llegas	llegues
él	llega	llegue
nosotros	llegamos	lleguemos
vosotros	llegáis	lleguéis
ellos	llegan	lleguen

	Pretérito	**Imperfecto**
yo	llegué	llegaba
tú	llegaste	llegabas
él	llegó	llegaba
nosotros	llegamos	llegábamos
vosotros	llegasteis	llegabais
ellos	llegaron	llegaban

	Futuro	**Potencial**
yo	llegaré	llegaría
tú	llegarás	llegarías
él	llegará	llegaría
nosotros	llegaremos	llegaríamos
vosotros	llegaréis	llegaríais
ellos	llegarán	llegarían

Imperfecto de subjuntivo	**Form 1**	**Form 2**
yo	llegara	llegase
tú	llegaras	llegases
él	llegara	llegase
nosotros	llegáramos	llegásemos
vosotros	llegarais	llegaseis
ellos	llegaran	llegasen

	Imperativo	**Gerundio**
(tú)	llega	llegando
	no llegues	
(Ud.)	llegue	
(nosotros)	lleguemos	**Participio pasado**
(vosotros)	llegad	llegado
	no lleguéis	
(Uds.)	lleguen	

LLEVAR
to carry, to take; to wear
Regular –AR verb

	Presente	**Subjuntivo**
yo	llevo	lleve
tú	llevas	lleves
él	lleva	lleve
nosotros	llevamos	llevemos
vosotros	lleváis	llevéis
ellos	llevan	lleven

	Pretérito	**Imperfecto**
yo	llevé	llevaba
tú	llevaste	llevabas
él	llevó	llevaba
nosotros	llevamos	llevábamos
vosotros	llevasteis	llevabais
ellos	llevaron	llevaban

	Futuro	**Potencial**
yo	llevaré	llevaría
tú	llevarás	llevarías
él	llevará	llevaría
nosotros	llevaremos	llevaríamos
vosotros	llevaréis	llevaríais
ellos	llevarán	llevarían

Imperfecto de subjuntivo	**Form 1**	**Form 2**
yo	llevara	llevase
tú	llevaras	llevases
él	llevara	llevase
nosotros	lleváramos	llevásemos
vosotros	llevarais	llevaseis
ellos	llevaran	llevasen

	Imperativo	**Gerundio**
(tú)	lleva	llevando
	no lleves	
(Ud.)	lleve	
(nosotros)	llevemos	**Participio pasado**
(vosotros)	llevad	llevado
	no llevéis	
(Uds.)	lleven	

LLORAR
to cry, to weep; to lament
Regular –AR verb

	Presente	**Subjuntivo**
yo	lloro	llore
tú	lloras	llores
él	llora	llore
nosotros	lloramos	lloremos
vosotros	lloráis	lloréis
ellos	lloran	lloren

	Pretérito	**Imperfecto**
yo	lloré	lloraba
tú	lloraste	llorabas
él	lloró	lloraba
nosotros	lloramos	llorábamos
vosotros	llorasteis	llorabais
ellos	lloraron	lloraban

	Futuro	**Potencial**
yo	lloraré	lloraría
tú	llorarás	llorarías
él	llorará	lloraría
nosotros	lloraremos	lloraríamos
vosotros	lloraréis	lloraríais
ellos	llorarán	llorarían

Imperfecto de subjuntivo	**Form 1**	**Form 2**
yo	llorara	llorase
tú	lloraras	llorases
él	llorara	llorase
nosotros	lloráramos	llorásemos
vosotros	llorarais	lloraseis
ellos	lloraran	llorasen

	Imperativo	**Gerundio**
(tú)	llora	llorando
	no llores	
(Ud.)	llore	
(nosotros)	lloremos	**Participio pasado**
(vosotros)	llorad	llorado
	no lloréis	
(Uds.)	lloren	

LLOVER
to rain
Defective stem-changing (O > UE) –ER verb

	Presente	**Subjuntivo**
(él)	llueve	llueva
	Pretérito	**Imperfecto**
(él)	llovió	llovía
	Futuro	**Potencial**
(él)	lloverá	llovería
Imperfecto de subjuntivo	**Form 1**	**Form 2**
(él)	lloviera	lloviese
	Imperativo	**Gerundio**
(él)	llueva	lloviendo
	Participio pasado	
	llovido	

MANDAR
to order, to ask for, to command
Regular –AR verb

	Presente	**Subjuntivo**
yo	mando	mande
tú	mandas	mandes
él	manda	mande
nosotros	mandamos	mandemos
vosotros	mandáis	mandéis
ellos	mandan	manden

	Pretérito	**Imperfecto**
yo	mandé	mandaba
tú	mandaste	mandabas
él	mandó	mandaba
nosotros	mandamos	mandábamos
vosotros	mandasteis	mandabais
ellos	mandaron	mandaban

	Futuro	**Potencial**
yo	mandaré	mandaría
tú	mandarás	mandarías
él	mandará	mandaría
nosotros	mandaremos	mandaríamos
vosotros	mandaréis	mandaríais
ellos	mandarán	mandarían

Imperfecto de subjuntivo	**Form 1**	**Form 2**
yo	mandara	mandase
tú	mandaras	mandases
él	mandara	mandase
nosotros	mandáramos	mandásemos
vosotros	mandarais	mandaseis
ellos	mandaran	mandasen

	Imperativo	**Gerundio**
(tú)	manda	mandando
	no mandes	
(Ud.)	mande	
(nosotros)	mandemos	**Participio pasado**
(vosotros)	mandad	mandado
	no mandéis	
(Uds.)	manden	

MANEJAR
to handle, to manage, to run; to drive (a car); (se) to act, to behave
Regular –AR verb

	Presente	**Subjuntivo**
yo	manejo	maneje
tú	manejas	manejes
él	maneja	maneje
nosotros	manejamos	manejemos
vosotros	manejáis	manejéis
ellos	manejan	manejen

	Pretérito	**Imperfecto**
yo	manejé	manejaba
tú	manejaste	manejabas
él	manejó	manejaba
nosotros	manejamos	manejábamos
vosotros	manejasteis	manejabais
ellos	manejaron	manejaban

	Futuro	**Potencial**
yo	manejaré	manejaría
tú	manejarás	manejarías
él	manejará	manejaría
nosotros	manejaremos	manejaríamos
vosotros	manejaréis	manejaríais
ellos	manejarán	manejarían

Imperfecto de subjuntivo	**Form 1**	**Form 2**
yo	manejara	manejase
tú	manejaras	manejases
él	manejara	manejase
nosotros	manejáramos	manejásemos
vosotros	manejarais	manejaseis
ellos	manejaran	manejasen

	Imperativo	**Gerundio**
(tú)	maneja	manejando
	no manejes	
(Ud.)	maneje	
(nosotros)	manejemos	**Participio pasado**
(vosotros)	manejad	manejado
	no manejéis	
(Uds.)	manejen	

MARCAR
to mark, to notice; to indicate
Spelling-change (C > QU) –AR verb

	Presente	**Subjuntivo**
yo	marco	marque
tú	marcas	marques
él	marca	marque
nosotros	marcamos	marquemos
vosotros	marcáis	marquéis
ellos	marcan	marquen

	Pretérito	**Imperfecto**
yo	marqué	marcaba
tú	marcaste	marcabas
él	marcó	marcaba
nosotros	marcamos	marcábamos
vosotros	marcasteis	marcabais
ellos	marcaron	marcaban

	Futuro	**Potencial**
yo	marcaré	marcaría
tú	marcarás	marcarías
él	marcará	marcaría
nosotros	marcaremos	marcaríamos
vosotros	marcaréis	marcaríais
ellos	marcarán	marcarían

Imperfecto de subjuntivo	**Form 1**	**Form 2**
yo	marcara	marcase
tú	marcaras	marcases
él	marcara	marcase
nosotros	marcáramos	marcásemos
vosotros	marcarais	marcaseis
ellos	marcaran	marcasen

	Imperativo	**Gerundio**
(tú)	marca	marcando
	no marques	
(Ud.)	marque	
(nosotros)	marquemos	**Participio pasado**
(vosotros)	marcad	marcado
	no marquéis	
(Uds.)	marquen	

MARCHAR
to walk, to march; to work (a machine)
Regular –AR verb

	Presente	**Subjuntivo**
yo	marcho	marche
tú	marchas	marches
él	marcha	marche
nosotros	marchamos	marchemos
vosotros	marcháis	marchéis
ellos	marchan	marchen

	Pretérito	**Imperfecto**
yo	marché	marchaba
tú	marchaste	marchabas
él	marchó	marchaba
nosotros	marchamos	marchábamos
vosotros	marchasteis	marchabais
ellos	marcharon	marchaban

	Futuro	**Potencial**
yo	marcharé	marcharía
tú	marcharás	marcharías
él	marchará	marcharía
nosotros	marcharemos	marcharíamos
vosotros	marcharéis	marcharíais
ellos	marcharán	marcharían

Imperfecto de subjuntivo	**Form 1**	**Form 2**
yo	marchara	marchase
tú	marcharas	marchases
él	marchara	marchase
nosotros	marcháramos	marchásemos
vosotros	marcharais	marchaseis
ellos	marcharan	marchasen

	Imperativo	**Gerundio**
(tú)	marcha	marchando
	no marches	
(Ud.)	marche	
(nosotros)	marchemos	**Participio pasado**
(vosotros)	marchad	marchado
	no marchéis	
(Uds.)	marchen	

MATAR
to kill (literally and figuratively); (se) to commit suicide
Regular –AR verb

	Presente	**Subjuntivo**
yo	mato	mate
tú	matas	mates
él	mata	mate
nosotros	matamos	matemos
vosotros	matáis	matéis
ellos	matan	maten

	Pretérito	**Imperfecto**
yo	maté	mataba
tú	mataste	matabas
él	mató	mataba
nosotros	matamos	matábamos
vosotros	matasteis	matabais
ellos	mataron	mataban

	Futuro	**Potencial**
yo	mataré	mataría
tú	matarás	matarías
él	matará	mataría
nosotros	mataremos	mataríamos
vosotros	mataréis	mataríais
ellos	matarán	matarían

Imperfecto de subjuntivo	**Form 1**	**Form 2**
yo	matara	matase
tú	mataras	matases
él	matara	matase
nosotros	matáramos	matásemos
vosotros	matarais	mataseis
ellos	mataran	matasen

	Imperativo	**Gerundio**
(tú)	mata	matando
	no mates	
(Ud.)	mate	
(nosotros)	matemos	**Participio pasado**
(vosotros)	matad	matado
	no matéis	
(Uds.)	maten	

MEJORAR
to improve; to upgrade
Regular –AR verb

	Presente	**Subjuntivo**
yo	mejoro	mejore
tú	mejoras	mejores
él	mejora	mejore
nosotros	mejoramos	mejoremos
vosotros	mejoráis	mejoréis
ellos	mejoran	mejoren

	Pretérito	**Imperfecto**
yo	mejoré	mejoraba
tú	mejoraste	mejorabas
él	mejoró	mejoraba
nosotros	mejoramos	mejorábamos
vosotros	mejorasteis	mejorabais
ellos	mejoraron	mejoraban

	Futuro	**Potencial**
yo	mejoraré	mejoraría
tú	mejorarás	mejorarías
él	mejorará	mejoraría
nosotros	mejoraremos	mejoraríamos
vosotros	mejoraréis	mejoraríais
ellos	mejorarán	mejorarían

Imperfecto de subjuntivo	**Form 1**	**Form 2**
yo	mejorara	mejorase
tú	mejoraras	mejorases
él	mejorara	mejorase
nosotros	mejoráramos	mejorásemos
vosotros	mejorarais	mejoraseis
ellos	mejoraran	mejorasen

	Imperativo	**Gerundio**
(tú)	mejora	mejorando
	no mejores	
(Ud.)	mejore	
(nosotros)	mejoremos	**Participio pasado**
(vosotros)	mejorad	mejorado
	no mejoréis	
(Uds.)	mejoren	

MENTIR
to lie
Stem-changing (E > IE) –IR verb

	Presente	**Subjuntivo**
yo	miento	mienta
tú	mientes	mientas
él	miente	mienta
nosotros	mentimos	mintamos
vosotros	mentís	mintáis
ellos	mienten	mientan

	Pretérito	**Imperfecto**
yo	mentí	mentía
tú	mentiste	mentías
él	mintió	mentía
nosotros	mentimos	mentíamos
vosotros	mentisteis	mentíais
ellos	mintieron	mentían

	Futuro	**Potencial**
yo	mentiré	mentiría
tú	mentirás	mentirías
él	mentirá	mentiría
nosotros	mentiremos	mentiríamos
vosotros	mentiréis	mentiríais
ellos	mentirán	mentirían

Imperfecto de subjuntivo

	Form 1	**Form 2**
yo	mintiera	mintiese
tú	mintieras	mintieses
él	mintiera	mintiese
nosotros	mintiéramos	mintiésemos
vosotros	mintierais	mintieseis
ellos	mintieran	mintiesen

	Imperativo	**Gerundio**
(tú)	miente	mintiendo
	no mientas	
(Ud.)	mienta	
(nosotros)	mintamos	**Participio pasado**
(vosotros)	mentid	mentido
	no mintáis	
(Uds.)	mientan	

METER
to put, to insert; to score (goal)
Regular –ER verb

	Presente	**Subjuntivo**
yo	meto	meta
tú	metes	metas
él	mete	meta
nosotros	metemos	metamos
vosotros	metéis	metáis
ellos	meten	metan

	Pretérito	**Imperfecto**
yo	metí	metía
tú	metiste	metías
él	metió	metía
nosotros	metimos	metíamos
vosotros	metisteis	metíais
ellos	metieron	metían

	Futuro	**Potencial**
yo	meteré	metería
tú	meterás	meterías
él	meterá	metería
nosotros	meteremos	meteríamos
vosotros	meteréis	meteríais
ellos	meterán	meterían

Imperfecto de subjuntivo	**Form 1**	**Form 2**
yo	metiera	metiese
tú	metieras	metieses
él	metiera	metiese
nosotros	metiéramos	metiésemos
vosotros	metierais	metieseis
ellos	metieran	metiesen

	Imperativo	**Gerundio**
(tú)	mete	metiendo
	no metas	
(Ud.)	meta	
(nosotros)	metamos	**Participio pasado**
(vosotros)	meted	metido
	no metáis	
(Uds.)	metan	

MIRAR
to watch, to look (at); to consider
Regular –AR verb

	Presente	**Subjuntivo**
yo	miro	mire
tú	miras	mires
él	mira	mire
nosotros	miramos	miremos
vosotros	miráis	miréis
ellos	miran	miren

	Pretérito	**Imperfecto**
yo	miré	miraba
tú	miraste	mirabas
él	miró	miraba
nosotros	miramos	mirábamos
vosotros	mirasteis	mirabais
ellos	miraron	miraban

	Futuro	**Potencial**
yo	miraré	miraría
tú	mirarás	mirarías
él	mirará	miraría
nosotros	miraremos	miraríamos
vosotros	miraréis	miraríais
ellos	mirarán	mirarían

Imperfecto de subjuntivo	**Form 1**	**Form 2**
yo	mirara	mirase
tú	miraras	mirases
él	mirara	mirase
nosotros	miráramos	mirásemos
vosotros	mirarais	miraseis
ellos	miraran	mirasen

	Imperativo	**Gerundio**
(tú)	mira	mirando
	no mires	
(Ud.)	mire	
(nosotros)	miremos	**Participio pasado**
(vosotros)	mirad	mirado
	no miréis	
(Uds.)	miren	

MORIR
to die

Stem-changing (O > UE) –IR verb, irregular past participle

	Presente	**Subjuntivo**
yo	muero	muera
tú	mueres	mueras
él	muere	muera
nosotros	morimos	muramos
vosotros	morís	muráis
ellos	mueren	mueran

	Pretérito	**Imperfecto**
yo	morí	moría
tú	moriste	morías
él	murió	moría
nosotros	morimos	moríamos
vosotros	moristeis	moríais
ellos	murieron	morían

	Futuro	**Potencial**
yo	moriré	moriría
tú	morirás	morirías
él	morirá	moriría
nosotros	moriremos	moriríamos
vosotros	moriréis	moriríais
ellos	morirán	morirían

Imperfecto de subjuntivo	**Form 1**	**Form 2**
yo	muriera	muriese
tú	murieras	murieses
él	muriera	muriese
nosotros	muriéramos	muriésemos
vosotros	murierais	murieseis
ellos	murieran	muriesen

	Imperativo	**Gerundio**
(tú)	muere	muriendo
	no mueras	
(Ud.)	muera	
(nosotros)	muramos	**Participio pasado**
(vosotros)	morid	muerto
	no muráis	
(Uds.)	mueran	

MOSTRAR
to show, to point out
Stem-changing (O > UE) –AR verb

	Presente	**Subjuntivo**
yo	muestro	muestre
tú	muestras	muestres
él	muestra	muestre
nosotros	mostramos	mostremos
vosotros	mostráis	mostréis
ellos	muestran	muestren

	Pretérito	**Imperfecto**
yo	mostré	mostraba
tú	mostraste	mostrabas
él	mostró	mostraba
nosotros	mostramos	mostrábamos
vosotros	mostrasteis	mostrabais
ellos	mostraron	mostraban

	Futuro	**Potencial**
yo	mostraré	mostraría
tú	mostrarás	mostrarías
él	mostrará	mostraría
nosotros	mostraremos	mostraríamos
vosotros	mostraréis	mostraríais
ellos	mostrarán	mostrarían

Imperfecto de subjuntivo	**Form 1**	**Form 2**
yo	mostrara	mostrase
tú	mostraras	mostrases
él	mostrara	mostrase
nosotros	mostráramos	mostrásemos
vosotros	mostrarais	mostraseis
ellos	mostraran	mostrasen

	Imperativo	**Gerundio**
(tú)	muestra	mostrando
	no muestres	
(Ud.)	muestre	
(nosotros)	mostremos	**Participio pasado**
(vosotros)	mostrad	mostrado
	no mostréis	
(Uds.)	muestren	

MOVER
to move; to cause, to provoke
Stem-changing (O > UE) –ER verb

	Presente	**Subjuntivo**
yo	muevo	mueva
tú	mueves	muevas
él	mueve	mueva
nosotros	movemos	movamos
vosotros	movéis	mováis
ellos	mueven	muevan

	Pretérito	**Imperfecto**
yo	moví	movía
tú	moviste	movías
él	movió	movía
nosotros	movimos	movíamos
vosotros	movisteis	movíais
ellos	movieron	movían

	Futuro	**Potencial**
yo	moveré	movería
tú	moverás	moverías
él	moverá	movería
nosotros	moveremos	moveríamos
vosotros	moveréis	moveríais
ellos	moverán	moverían

Imperfecto de subjuntivo	**Form 1**	**Form 2**
yo	moviera	moviese
tú	movieras	movieses
él	moviera	moviese
nosotros	moviéramos	moviésemos
vosotros	movierais	movieseis
ellos	movieran	moviesen

	Imperativo	**Gerundio**
(tú)	mueve	moviendo
	no muevas	
(Ud.)	mueva	
(nosotros)	movamos	**Participio pasado**
(vosotros)	moved	movido
	no mováis	
(Uds.)	muevan	

NACER
to be born; to hatch, to sprout
Spelling-change (C > ZC) –ER verb

	Presente	**Subjuntivo**
yo	nazco	nazca
tú	naces	nazcas
él	nace	nazca
nosotros	nacemos	nazcamos
vosotros	nacéis	nazcáis
ellos	nacen	nazcan

	Pretérito	**Imperfecto**
yo	nací	nacía
tú	naciste	nacías
él	nació	nacía
nosotros	nacimos	nacíamos
vosotros	nacisteis	nacíais
ellos	nacieron	nacían

	Futuro	**Potencial**
yo	naceré	nacería
tú	nacerás	nacerías
él	nacerá	nacería
nosotros	naceremos	naceríamos
vosotros	naceréis	naceríais
ellos	nacerán	nacerían

Imperfecto de subjuntivo	**Form 1**	**Form 2**
yo	naciera	naciese
tú	nacieras	nacieses
él	naciera	naciese
nosotros	naciéramos	naciésemos
vosotros	nacierais	nacieseis
ellos	nacieran	naciesen

	Imperativo	**Gerundio**
(tú)	nace	naciendo
	no nazcas	
(Ud.)	nazca	
(nosotros)	nazcamos	**Participio pasado**
(vosotros)	naced	nacido
	no nazcáis	
(Uds.)	nazcan	

NECESITAR
to need, to necessitate
Regular –AR verb

	Presente	**Subjuntivo**
yo	necesito	necesite
tú	necesitas	necesites
él	necesita	necesite
nosotros	necesitamos	necesitemos
vosotros	necesitáis	necesitéis
ellos	necesitan	necesiten

	Pretérito	**Imperfecto**
yo	necesité	necesitaba
tú	necesitaste	necesitabas
él	necesitó	necesitaba
nosotros	necesitamos	necesitábamos
vosotros	necesitasteis	necesitabais
ellos	necesitaron	necesitaban

	Futuro	**Potencial**
yo	necesitaré	necesitaría
tú	necesitarás	necesitarías
él	necesitará	necesitaría
nosotros	necesitaremos	necesitaríamos
vosotros	necesitaréis	necesitaríais
ellos	necesitarán	necesitarían

Imperfecto de subjuntivo	**Form 1**	**Form 2**
yo	necesitara	necesitase
tú	necesitaras	necesitases
él	necesitara	necesitase
nosotros	necesitáramos	necesitásemos
vosotros	necesitarais	necesitaseis
ellos	necesitaran	necesitasen

	Imperativo	**Gerundio**
(tú)	necesita	necesitando
	no necesites	
(Ud.)	necesite	
(nosotros)	necesitemos	**Participio pasado**
(vosotros)	necesitad	necesitado
	no necesitéis	
(Uds.)	necesiten	

NEGAR
to deny, to reject, to refuse, to negate
Stem-changing (E > IE) and spelling-change (G > GU) –AR verb

	Presente	**Subjuntivo**
yo	niego	niegue
tú	niegas	niegues
él	niega	niegue
nosotros	negamos	neguemos
vosotros	negáis	neguéis
ellos	niegan	nieguen

	Pretérito	**Imperfecto**
yo	negué	negaba
tú	negaste	negabas
él	negó	negaba
nosotros	negamos	negábamos
vosotros	negasteis	negabais
ellos	negaron	negaban

	Futuro	**Potencial**
yo	negaré	negaría
tú	negarás	negarías
él	negará	negaría
nosotros	negaremos	negaríamos
vosotros	negaréis	negaríais
ellos	negarán	negarían

Imperfecto de subjuntivo	**Form 1**	**Form 2**
yo	negara	negase
tú	negaras	negases
él	negara	negase
nosotros	negáramos	negásemos
vosotros	negarais	negaseis
ellos	negaran	negasen

	Imperativo	**Gerundio**
(tú)	niega	negando
	no niegues	
(Ud.)	niegue	
(nosotros)	neguemos	**Participio pasado**
(vosotros)	negad	negado
	no neguéis	
(Uds.)	nieguen	

NEVAR
to snow
Defective stem-changing (E > IE) –AR verb

	Presente	**Subjuntivo**
(él)	nieva	nieve
	Pretérito	**Imperfecto**
(él)	nevó	nevaba
	Futuro	**Potencial**
(él)	nevará	nevaría
Imperfecto de subjuntivo	**Form 1**	**Form 2**
(él)	nevara	nevase
	Imperativo	**Gerundio**
(él)	nieve	nevando
	Participio pasado	
	nevado	

OBLIGAR
to force, to compel, to oblige
Spelling-change (G > GU) –AR verb

	Presente	**Subjuntivo**
yo	obligo	obligue
tú	obligas	obligues
él	obliga	obligue
nosotros	obligamos	obliguemos
vosotros	obligáis	obliguéis
ellos	obligan	obliguen

	Pretérito	**Imperfecto**
yo	obligué	obligaba
tú	obligaste	obligabas
él	obligó	obligaba
nosotros	obligamos	obligábamos
vosotros	obligasteis	obligabais
ellos	obligaron	obligaban

	Futuro	**Potencial**
yo	obligaré	obligaría
tú	obligarás	obligarías
él	obligará	obligaría
nosotros	obligaremos	obligaríamos
vosotros	obligaréis	obligaríais
ellos	obligarán	obligarían

Imperfecto de subjuntivo	**Form 1**	**Form 2**
yo	obligara	obligase
tú	obligaras	obligases
él	obligara	obligase
nosotros	obligáramos	obligásemos
vosotros	obligarais	obligaseis
ellos	obligaran	obligasen

	Imperativo	**Gerundio**
(tú)	obliga	obligando
	no obligues	
(Ud.)	obligue	
(nosotros)	obliguemos	**Participio pasado**
(vosotros)	obligad	obligado
	no obliguéis	
(Uds.)	obliguen	

OBTENER
to obtain, to get
Irregular –ER verb

	Presente	**Subjuntivo**
yo	obtengo	obtenga
tú	obtienes	obtengas
él	obtiene	obtenga
nosotros	obtenemos	obtengamos
vosotros	obtenéis	obtengáis
ellos	obtienen	obtengan

	Pretérito	**Imperfecto**
yo	obtuve	obtenía
tú	obtuviste	obtenías
él	obtuvo	obtenía
nosotros	obtuvimos	obteníamos
vosotros	obtuvisteis	obteníais
ellos	obtuvieron	obtenían

	Futuro	**Potencial**
yo	obtendré	obtendría
tú	obtendrás	obtendrías
él	obtendrá	obtendría
nosotros	obtendremos	obtendríamos
vosotros	obtendréis	obtendríais
ellos	obtendrán	obtendrían

Imperfecto de subjuntivo	**Form 1**	**Form 2**
yo	obtuviera	obtuviese
tú	obtuvieras	obtuvieses
él	obtuviera	obtuviese
nosotros	obtuviéramos	obtuviésemos
vosotros	obtuvierais	obtuvieseis
ellos	obtuvieran	obtuviesen

	Imperativo	**Gerundio**
(tú)	obtén	obteniendo
	no obtengas	
(Ud.)	obtenga	
(nosotros)	obtengamos	**Participio pasado**
(vosotros)	obtened	obtenido
	no obtengáis	
(Uds.)	obtengan	

OCURRIR
to occur, to happen; (se) to occur to o.s.
Defective regular –IR verb

	Presente	**Subjuntivo**
él	ocurre	ocurra
ellos	ocurren	ocurran

	Pretérito	**Imperfecto**
él	ocurrió	ocurría
ellos	ocurrieron	ocurrían

	Futuro	**Potencial**
él	ocurrirá	ocurriría
ellos	ocurrirán	ocurrirían

Imperfecto de subjuntivo

	Form 1	**Form 2**
él	ocurriera	ocurriese
ellos	ocurrieran	ocurriesen

	Imperativo	**Gerundio**
(él)	ocurra	ocurriendo
(ellos)	ocurran	

Participio pasado
ocurrido

OFRECER
to give, to offer, to present
Spelling-change (C > ZC) –ER verb

	Presente	**Subjuntivo**
yo	ofrezco	ofrezca
tú	ofreces	ofrezcas
él	ofrece	ofrezca
nosotros	ofrecemos	ofrezcamos
vosotros	ofrecéis	ofrezcáis
ellos	ofrecen	ofrezcan

	Pretérito	**Imperfecto**
yo	ofrecí	ofrecía
tú	ofreciste	ofrecías
él	ofreció	ofrecía
nosotros	ofrecimos	ofrecíamos
vosotros	ofrecisteis	ofrecíais
ellos	ofrecieron	ofrecían

	Futuro	**Potencial**
yo	ofreceré	ofrecería
tú	ofrecerás	ofrecerías
él	ofrecerá	ofrecería
nosotros	ofreceremos	ofreceríamos
vosotros	ofreceréis	ofreceríais
ellos	ofrecerán	ofrecerían

Imperfecto de subjuntivo	**Form 1**	**Form 2**
yo	ofreciera	ofreciese
tú	ofrecieras	ofrecieses
él	ofreciera	ofreciese
nosotros	ofreciéramos	ofreciésemos
vosotros	ofrecierais	ofrecieseis
ellos	ofrecieran	ofreciesen

	Imperativo	**Gerundio**
(tú)	ofrece	ofreciendo
	no ofrezcas	
(Ud.)	ofrezca	
(nosotros)	ofrezcamos	**Participio pasado**
(vosotros)	ofreced	ofrecido
	no ofrezcáis	
(Uds.)	ofrezcan	

OÍR
to hear, to listen
Irregular –IR verb

	Presente	**Subjuntivo**
yo	oigo	oiga
tú	oyes	oigas
él	oye	oiga
nosotros	oímos	oigamos
vosotros	oís	oigáis
ellos	oyen	oigan

	Pretérito	**Imperfecto**
yo	oí	oía
tú	oíste	oías
él	oyó	oía
nosotros	oímos	oíamos
vosotros	oísteis	oíais
ellos	oyeron	oían

	Futuro	**Potencial**
yo	oiré	oiría
tú	oirás	oirías
él	oirá	oiría
nosotros	oiremos	oiríamos
vosotros	oiréis	oiríais
ellos	oirán	oirían

Imperfecto de subjuntivo	**Form 1**	**Form 2**
yo	oyera	oyese
tú	oyeras	oyeses
él	oyera	oyese
nosotros	oyéramos	oyésemos
vosotros	oyerais	oyeseis
ellos	oyeran	oyesen

	Imperativo	**Gerundio**
(tú)	oye	oyendo
	no oigas	
(Ud.)	oiga	
(nosotros)	oigamos	**Participio pasado**
(vosotros)	oíd	oído
	no oigáis	
(Uds.)	oigan	

OLER
to smell; to pry into, to sniff out
Irregular stem-changing (O > UE) –ER verb

	Presente	**Subjuntivo**
yo	huelo	huela
tú	hueles	huelas
él	huele	huela
nosotros	olemos	olamos
vosotros	oléis	oláis
ellos	huelen	huelan

	Pretérito	**Imperfecto**
yo	olí	olía
tú	oliste	olías
él	olió	olía
nosotros	olimos	olíamos
vosotros	olisteis	olíais
ellos	olieron	olían

	Futuro	**Potencial**
yo	oleré	olería
tú	olerás	olerías
él	olerá	olería
nosotros	oleremos	oleríamos
vosotros	oleréis	oleríais
ellos	olerán	olerían

Imperfecto de subjuntivo	**Form 1**	**Form 2**
yo	oliera	oliese
tú	olieras	olieses
él	oliera	oliese
nosotros	oliéramos	oliésemos
vosotros	olierais	olieseis
ellos	olieran	oliesen

	Imperativo	**Gerundio**
(tú)	huele	oliendo
	no huelas	
(Ud.)	huela	
(nosotros)	olamos	**Participio pasado**
(vosotros)	oled	olido
	no oláis	
(Uds.)	huelan	

OLVIDAR
to forget, to omit
Regular –AR verb

	Presente	**Subjuntivo**
yo	olvido	olvide
tú	olvidas	olvides
él	olvida	olvide
nosotros	olvidamos	olvidemos
vosotros	olvidáis	olvidéis
ellos	olvidan	olviden

	Pretérito	**Imperfecto**
yo	olvidé	olvidaba
tú	olvidaste	olvidabas
él	olvidó	olvidaba
nosotros	olvidamos	olvidábamos
vosotros	olvidasteis	olvidabais
ellos	olvidaron	olvidaban

	Futuro	**Potencial**
yo	olvidaré	olvidaría
tú	olvidarás	olvidarías
él	olvidará	olvidaría
nosotros	olvidaremos	olvidaríamos
vosotros	olvidaréis	olvidaríais
ellos	olvidarán	olvidarían

Imperfecto de subjuntivo	**Form 1**	**Form 2**
yo	olvidara	olvidase
tú	olvidaras	olvidases
él	olvidara	olvidase
nosotros	olvidáramos	olvidásemos
vosotros	olvidarais	olvidaseis
ellos	olvidaran	olvidasen

	Imperativo	**Gerundio**
(tú)	olvida	olvidando
	no olvides	
(Ud.)	olvide	
(nosotros)	olvidemos	**Participio pasado**
(vosotros)	olvidad	olvidado
	no olvidéis	
(Uds.)	olviden	

ORGANIZAR
to organize, to set up
Spelling-change (Z > C) –AR verb

	Presente	**Subjuntivo**
yo	organizo	organice
tú	organizas	organices
él	organiza	organice
nosotros	organizamos	organicemos
vosotros	organizáis	organicéis
ellos	organizan	organicen

	Pretérito	**Imperfecto**
yo	organicé	organizaba
tú	organizaste	organizabas
él	organizó	organizaba
nosotros	organizamos	organizábamos
vosotros	organizasteis	organizabais
ellos	organizaron	organizaban

	Futuro	**Potencial**
yo	organizaré	organizaría
tú	organizarás	organizarías
él	organizará	organizaría
nosotros	organizaremos	organizaríamos
vosotros	organizaréis	organizaríais
ellos	organizarán	organizarían

Imperfecto de subjuntivo	**Form 1**	**Form 2**
yo	organizara	organizase
tú	organizaras	organizases
él	organizara	organizase
nosotros	organizáramos	organizásemos
vosotros	organizarais	organizaseis
ellos	organizaran	organizasen

	Imperativo	**Gerundio**
(tú)	organiza	organizando
	no organices	
(Ud.)	organice	
(nosotros)	organicemos	**Participio pasado**
(vosotros)	organizad	organizado
	no organicéis	
(Uds.)	organicen	

PAGAR
to pay, to repay
Spelling-change (G > GU) –AR verb

	Presente	**Subjuntivo**
yo	pago	pague
tú	pagas	pagues
él	paga	pague
nosotros	pagamos	paguemos
vosotros	pagáis	paguéis
ellos	pagan	paguen

	Pretérito	**Imperfecto**
yo	pagué	pagaba
tú	pagaste	pagabas
él	pagó	pagaba
nosotros	pagamos	pagábamos
vosotros	pagasteis	pagabais
ellos	pagaron	pagaban

	Futuro	**Potencial**
yo	pagaré	pagaría
tú	pagarás	pagarías
él	pagará	pagaría
nosotros	pagaremos	pagaríamos
vosotros	pagaréis	pagaríais
ellos	pagarán	pagarían

Imperfecto de subjuntivo	**Form 1**	**Form 2**
yo	pagara	pagase
tú	pagaras	pagases
él	pagara	pagase
nosotros	pagáramos	pagásemos
vosotros	pagarais	pagaseis
ellos	pagaran	pagasen

	Imperativo	**Gerundio**
(tú)	paga	pagando
	no pagues	
(Ud.)	pague	
(nosotros)	paguemos	**Participio pasado**
(vosotros)	pagad	pagado
	no paguéis	
(Uds.)	paguen	

PARAR
to stop; to lead
Regular –AR verb

	Presente	**Subjuntivo**
yo	paro	pare
tú	paras	pares
él	para	pare
nosotros	paramos	paremos
vosotros	paráis	paréis
ellos	paran	paren

	Pretérito	**Imperfecto**
yo	paré	paraba
tú	paraste	parabas
él	paró	paraba
nosotros	paramos	parábamos
vosotros	parasteis	parabais
ellos	pararon	paraban

	Futuro	**Potencial**
yo	pararé	pararía
tú	pararás	pararías
él	parará	pararía
nosotros	pararemos	pararíamos
vosotros	pararéis	pararíais
ellos	pararán	pararían

Imperfecto de subjuntivo	**Form 1**	**Form 2**
yo	parara	parase
tú	pararas	parases
él	parara	parase
nosotros	paráramos	parásemos
vosotros	pararais	paraseis
ellos	pararan	parasen

	Imperativo	**Gerundio**
(tú)	para	parando
	no pares	
(Ud.)	pare	
(nosotros)	paremos	**Participio pasado**
(vosotros)	parad	parado
	no paréis	
(Uds.)	paren	

PARECER
to seem, to appear, to look
Spelling-change (C > ZC) –ER verb

	Presente	**Subjuntivo**
yo	parezco	parezca
tú	pareces	parezcas
él	parece	parezca
nosotros	parecemos	parezcamos
vosotros	parecéis	parezcáis
ellos	parecen	parezcan

	Pretérito	**Imperfecto**
yo	parecí	parecía
tú	pareciste	parecías
él	pareció	parecía
nosotros	parecimos	parecíamos
vosotros	parecisteis	parecíais
ellos	parecieron	parecían

	Futuro	**Potencial**
yo	pareceré	parecería
tú	parecerás	parecerías
él	parecerá	parecería
nosotros	pareceremos	pareceríamos
vosotros	pareceréis	pareceríais
ellos	parecerán	parecerían

Imperfecto de subjuntivo	**Form 1**	**Form 2**
yo	pareciera	pareciese
tú	parecieras	parecieses
él	pareciera	pareciese
nosotros	pareciéramos	pareciésemos
vosotros	parecierais	parecieseis
ellos	parecieran	pareciesen

	Imperativo	**Gerundio**
(tú)	parece	pareciendo
	no parezcas	
(Ud.)	parezca	
(nosotros)	parezcamos	**Participio pasado**
(vosotros)	pareced	parecido
	no parezcáis	
(Uds.)	parezcan	

PARTIR
to depart, to set out, to leave; to divide
Regular –IR verb

	Presente	**Subjuntivo**
yo	parto	parta
tú	partes	partas
él	parte	parta
nosotros	partimos	partamos
vosotros	partís	partáis
ellos	parten	partan

	Pretérito	**Imperfecto**
yo	partí	partía
tú	partiste	partías
él	partió	partía
nosotros	partimos	partíamos
vosotros	partisteis	partíais
ellos	partieron	partían

	Futuro	**Potencial**
yo	partiré	partiría
tú	partirás	partirías
él	partirá	partiría
nosotros	partiremos	partiríamos
vosotros	partiréis	partiríais
ellos	partirán	partirían

Imperfecto de subjuntivo	**Form 1**	**Form 2**
yo	partiera	partiese
tú	partieras	partieses
él	partiera	partiese
nosotros	partiéramos	partiésemos
vosotros	partierais	partieseis
ellos	partieran	partiesen

	Imperativo	**Gerundio**
(tú)	parte	partiendo
	no partas	
(Ud.)	parta	
(nosotros)	partamos	**Participio pasado**
(vosotros)	partid	partido
	no partáis	
(Uds.)	partan	

PASAR
to pass, to give; to happen; to spend (time)
Regular –AR verb

	Presente	**Subjuntivo**
yo	paso	pase
tú	pasas	pases
él	pasa	pase
nosotros	pasamos	pasemos
vosotros	pasáis	paséis
ellos	pasan	pasen

	Pretérito	**Imperfecto**
yo	pasé	pasaba
tú	pasaste	pasabas
él	pasó	pasaba
nosotros	pasamos	pasábamos
vosotros	pasasteis	pasabais
ellos	pasaron	pasaban

	Futuro	**Potencial**
yo	pasaré	pasaría
tú	pasarás	pasarías
él	pasará	pasaría
nosotros	pasaremos	pasaríamos
vosotros	pasaréis	pasaríais
ellos	pasarán	pasarían

Imperfecto de subjuntivo	**Form 1**	**Form 2**
yo	pasara	pasase
tú	pasaras	pasases
él	pasara	pasase
nosotros	pasáramos	pasásemos
vosotros	pasarais	pasaseis
ellos	pasaran	pasasen

	Imperativo	**Gerundio**
(tú)	pasa	pasando
	no pases	
(Ud.)	pase	
(nosotros)	pasemos	**Participio pasado**
(vosotros)	pasad	pasado
	no paséis	
(Uds.)	pasen	

PEDIR
to ask for, to request, to order
Stem-changing (E > I) –IR verb

	Presente	**Subjuntivo**
yo	pido	pida
tú	pides	pidas
él	pide	pida
nosotros	pedimos	pidamos
vosotros	pedís	pidáis
ellos	piden	pidan

	Pretérito	**Imperfecto**
yo	pedí	pedía
tú	pediste	pedías
él	pidió	pedía
nosotros	pedimos	pedíamos
vosotros	pedisteis	pedíais
ellos	pidieron	pedían

	Futuro	**Potencial**
yo	pediré	pediría
tú	pedirás	pedirías
él	pedirá	pediría
nosotros	pediremos	pediríamos
vosotros	pediréis	pediríais
ellos	pedirán	pedirían

Imperfecto de subjuntivo	**Form 1**	**Form 2**
yo	pidiera	pidiese
tú	pidieras	pidieses
él	pidiera	pidiese
nosotros	pidiéramos	pidiésemos
vosotros	pidierais	pidieseis
ellos	pidieran	pidiesen

	Imperativo	**Gerundio**
(tú)	pide	pidiendo
	no pidas	
(Ud.)	pida	
(nosotros)	pidamos	
(vosotros)	pedid	**Participio pasado**
	no pidáis	pedido
(Uds.)	pidan	

PEGAR
to beat, to hit; to glue, to adhere
Spelling-change (G > GU) –AR verb

	Presente	**Subjuntivo**
yo	pego	pegue
tú	pegas	pegues
él	pega	pegue
nosotros	pegamos	peguemos
vosotros	pegáis	peguéis
ellos	pegan	peguen

	Pretérito	**Imperfecto**
yo	pegué	pegaba
tú	pegaste	pegabas
él	pegó	pegaba
nosotros	pegamos	pegábamos
vosotros	pegasteis	pegabais
ellos	pegaron	pegaban

	Futuro	**Potencial**
yo	pegaré	pegaría
tú	pegarás	pegarías
él	pegará	pegaría
nosotros	pegaremos	pegaríamos
vosotros	pegaréis	pegaríais
ellos	pegarán	pegarían

Imperfecto de subjuntivo	**Form 1**	**Form 2**
yo	pegara	pegase
tú	pegaras	pegases
él	pegara	pegase
nosotros	pegáramos	pegásemos
vosotros	pegarais	pegaseis
ellos	pegaran	pegasen

	Imperativo	**Gerundio**
(tú)	pega	pegando
	no pegues	
(Ud.)	pegue	
(nosotros)	peguemos	**Participio pasado**
(vosotros)	pegad	pegado
	no peguéis	
(Uds.)	peguen	

PEINAR
to comb, to style (s.o. else's hair); (se) to comb one's own hair
Regular –AR verb

	Presente	**Subjuntivo**
yo	peino	peine
tú	peinas	peines
él	peina	peine
nosotros	peinamos	peinemos
vosotros	peináis	peinéis
ellos	peinan	peinen

	Pretérito	**Imperfecto**
yo	peiné	peinaba
tú	peinaste	peinabas
él	peinó	peinaba
nosotros	peinamos	peinábamos
vosotros	peinasteis	peinabais
ellos	peinaron	peinaban

	Futuro	**Potencial**
yo	peinaré	peinaría
tú	peinarás	peinarías
él	peinará	peinaría
nosotros	peinaremos	peinaríamos
vosotros	peinaréis	peinaríais
ellos	peinarán	peinarían

Imperfecto de subjuntivo	**Form 1**	**Form 2**
yo	peinara	peinase
tú	peinaras	peinases
él	peinara	peinase
nosotros	peináramos	peinásemos
vosotros	peinarais	peinaseis
ellos	peinaran	peinasen

	Imperativo	**Gerundio**
(tú)	peina	peinando
	no peines	
(Ud.)	peine	
(nosotros)	peinemos	**Participio pasado**
(vosotros)	peinad	peinado
	no peinéis	
(Uds.)	peinen	

PENSAR
to think
Stem-changing (E > IE) –AR verb

	Presente	Subjuntivo
yo	pienso	piense
tú	piensas	pienses
él	piensa	piense
nosotros	pensamos	pensemos
vosotros	pensáis	penséis
ellos	piensan	piensen

	Pretérito	Imperfecto
yo	pensé	pensaba
tú	pensaste	pensabas
él	pensó	pensaba
nosotros	pensamos	pensábamos
vosotros	pensasteis	pensabais
ellos	pensaron	pensaban

	Futuro	Potencial
yo	pensaré	pensaría
tú	pensarás	pensarías
él	pensará	pensaría
nosotros	pensaremos	pensaríamos
vosotros	pensaréis	pensaríais
ellos	pensarán	pensarían

Imperfecto de subjuntivo	Form 1	Form 2
yo	pensara	pensase
tú	pensaras	pensases
él	pensara	pensase
nosotros	pensáramos	pensásemos
vosotros	pensarais	pensaseis
ellos	pensaran	pensasen

	Imperativo	Gerundio
(tú)	piensa	pensando
	no pienses	
(Ud.)	piense	
(nosotros)	pensemos	Participio pasado
(vosotros)	pensad	pensado
	no penséis	
(Uds.)	piensen	

PERDER
to lose
Stem-changing (E > IE) –ER verb

	Presente	**Subjuntivo**
yo	pierdo	pierda
tú	pierdes	pierdas
él	pierde	pierda
nosotros	perdemos	perdamos
vosotros	perdéis	perdáis
ellos	pierden	pierdan

	Pretérito	**Imperfecto**
yo	perdí	perdía
tú	perdiste	perdías
él	perdió	perdía
nosotros	perdimos	perdíamos
vosotros	perdisteis	perdíais
ellos	perdieron	perdían

	Futuro	**Potencial**
yo	perderé	perdería
tú	perderás	perderías
él	perderá	perdería
nosotros	perderemos	perderíamos
vosotros	perderéis	perderíais
ellos	perderán	perderían

Imperfecto de subjuntivo	**Form 1**	**Form 2**
yo	perdiera	perdiese
tú	perdieras	perdieses
él	perdiera	perdiese
nosotros	perdiéramos	perdiésemos
vosotros	perdierais	perdieseis
ellos	perdieran	perdiesen

	Imperativo	**Gerundio**
(tú)	pierde	perdiendo
	no pierdas	
(Ud.)	pierda	
(nosotros)	perdamos	**Participio pasado**
(vosotros)	perded	perdido
	no perdáis	
(Uds.)	pierdan	

PERDONAR

to pardon, to forgive, to excuse, to spare; (se) to ask forgiveness
Regular –AR verb

	Presente	**Subjuntivo**
yo	perdono	perdone
tú	perdonas	perdones
él	perdona	perdone
nosotros	perdonamos	perdonemos
vosotros	perdonáis	perdonéis
ellos	perdonan	perdonen

	Pretérito	**Imperfecto**
yo	perdoné	perdonaba
tú	perdonaste	perdonabas
él	perdonó	perdonaba
nosotros	perdonamos	perdonábamos
vosotros	perdonasteis	perdonabais
ellos	perdonaron	perdonaban

	Futuro	**Potencial**
yo	perdonaré	perdonaría
tú	perdonarás	perdonarías
él	perdonará	perdonaría
nosotros	perdonaremos	perdonaríamos
vosotros	perdonaréis	perdonaríais
ellos	perdonarán	perdonarían

Imperfecto de subjuntivo	**Form 1**	**Form 2**
yo	perdonara	perdonase
tú	perdonaras	perdonases
él	perdonara	perdonase
nosotros	perdonáramos	perdonásemos
vosotros	perdonarais	perdonaseis
ellos	perdonaran	perdonasen

	Imperativo	**Gerundio**
(tú)	perdona	perdonando
	no perdones	
(Ud.)	perdone	
(nosotros)	perdonemos	**Participio pasado**
(vosotros)	perdonad	perdonado
	no perdonéis	
(Uds.)	perdonen	

PERMITIR
to allow, to permit
Regular –IR verb

	Presente	**Subjuntivo**
yo	permito	permita
tú	permites	permitas
él	permite	permita
nosotros	permitimos	permitamos
vosotros	permitís	permitáis
ellos	permiten	permitan

	Pretérito	**Imperfecto**
yo	permití	permitía
tú	permitiste	permitías
él	permitió	permitía
nosotros	permitimos	permitíamos
vosotros	permitisteis	permitíais
ellos	permitieron	permitían

	Futuro	**Potencial**
yo	permitiré	permitiría
tú	permitirás	permitirías
él	permitirá	permitiría
nosotros	permitiremos	permitiríamos
vosotros	permitiréis	permitiríais
ellos	permitirán	permitirían

Imperfecto de subjuntivo	**Form 1**	**Form 2**
yo	permitiera	permitiese
tú	permitieras	permitieses
él	permitiera	permitiese
nosotros	permitiéramos	permitiésemos
vosotros	permitierais	permitieseis
ellos	permitieran	permitiesen

	Imperativo	**Gerundio**
(tú)	permite	permitiendo
	no permitas	
(Ud.)	permita	
(nosotros)	permitamos	**Participio pasado**
(vosotros)	permitid	permitido
	no permitáis	
(Uds.)	permitan	

PESCAR
to fish, to catch
Spelling-change (C > QU) –AR verb

	Presente	**Subjuntivo**
yo	pesco	pesque
tú	pescas	pesques
él	pesca	pesque
nosotros	pescamos	pesquemos
vosotros	pescáis	pesquéis
ellos	pescan	pesquen

	Pretérito	**Imperfecto**
yo	pesqué	pescaba
tú	pescaste	pescabas
él	pescó	pescaba
nosotros	pescamos	pescábamos
vosotros	pescasteis	pescabais
ellos	pescaron	pescaban

	Futuro	**Potencial**
yo	pescaré	pescaría
tú	pescarás	pescarías
él	pescará	pescaría
nosotros	pescaremos	pescaríamos
vosotros	pescaréis	pescaríais
ellos	pescarán	pescarían

Imperfecto de subjuntivo	**Form 1**	**Form 2**
yo	pescara	pescase
tú	pescaras	pescases
él	pescara	pescase
nosotros	pescáramos	pescásemos
vosotros	pescarais	pescaseis
ellos	pescaran	pescasen

	Imperativo	**Gerundio**
(tú)	pesca	pescando
	no pesques	
(Ud.)	pesque	
(nosotros)	pesquemos	**Participio pasado**
(vosotros)	pescad	pescado
	no pesquéis	
(Uds.)	pesquen	

PODER

can, may, to be able
Irregular stem-changing (O > UE) –ER verb

	Presente	**Subjuntivo**
yo	puedo	pueda
tú	puedes	puedas
él	puede	pueda
nosotros	podemos	podamos
vosotros	podéis	podáis
ellos	pueden	puedan

	Pretérito	**Imperfecto**
yo	pude	podía
tú	pudiste	podías
él	pudo	podía
nosotros	pudimos	podíamos
vosotros	pudisteis	podíais
ellos	pudieron	podían

	Futuro	**Potencial**
yo	podré	podría
tú	podrás	podrías
él	podrá	podría
nosotros	podremos	podríamos
vosotros	podréis	podríais
ellos	podrán	podrían

Imperfecto de subjuntivo	**Form 1**	**Form 2**
yo	pudiera	pudiese
tú	pudieras	pudieses
él	pudiera	pudiese
nosotros	pudiéramos	pudiésemos
vosotros	pudierais	pudieseis
ellos	pudieran	pudiesen

	Imperativo	**Gerundio**
(tú)	puede	pudiendo
	no puedas	
(Ud.)	pueda	
(nosotros)	podamos	**Participio pasado**
(vosotros)	poded	podido
	no podáis	
(Uds.)	puedan	

PONER
to put
Irregular –ER verb

	Presente	Subjuntivo
yo	pongo	ponga
tú	pones	pongas
él	pone	ponga
nosotros	ponemos	pongamos
vosotros	ponéis	pongáis
ellos	ponen	pongan

	Pretérito	Imperfecto
yo	puse	ponía
tú	pusiste	ponías
él	puso	ponía
nosotros	pusimos	poníamos
vosotros	pusisteis	poníais
ellos	pusieron	ponían

	Futuro	Potencial
yo	pondré	pondría
tú	pondrás	pondrías
él	pondrá	pondría
nosotros	pondremos	pondríamos
vosotros	pondréis	pondríais
ellos	pondrán	pondrían

Imperfecto de subjuntivo	Form 1	Form 2
yo	pusiera	pusiese
tú	pusieras	pusieses
él	pusiera	pusiese
nosotros	pusiéramos	pusiésemos
vosotros	pusierais	pusieseis
ellos	pusieran	pusiesen

	Imperativo	Gerundio
(tú)	pon	poniendo
	no pongas	
(Ud.)	ponga	
(nosotros)	pongamos	Participio pasado
(vosotros)	poned	puesto
	no pongáis	
(Uds.)	pongan	

PRACTICAR
to practice; to perform, to carry out
Spelling-change (C > QU) –AR verb

	Presente	**Subjuntivo**
yo	practico	practique
tú	practicas	practiques
él	practica	practique
nosotros	practicamos	practiquemos
vosotros	practicáis	practiquéis
ellos	practican	practiquen

	Pretérito	**Imperfecto**
yo	practiqué	practicaba
tú	practicaste	practicabas
él	practicó	practicaba
nosotros	practicamos	practicábamos
vosotros	practicasteis	practicabais
ellos	practicaron	practicaban

	Futuro	**Potencial**
yo	practicaré	practicaría
tú	practicarás	practicarías
él	practicará	practicaría
nosotros	practicaremos	practicaríamos
vosotros	practicaréis	practicaríais
ellos	practicarán	practicarían

Imperfecto de subjuntivo	**Form 1**	**Form 2**
yo	practicara	practicase
tú	practicaras	practicases
él	practicara	practicase
nosotros	practicáramos	practicásemos
vosotros	practicarais	practicaseis
ellos	practicaran	practicasen

	Imperativo	**Gerundio**
(tú)	practica	practicando
	no practiques	
(Ud.)	practique	
(nosotros)	practiquemos	**Participio pasado**
(vosotros)	practicad	practicado
	no practiquéis	
(Uds.)	practiquen	

PREFERIR
to prefer
Stem-changing (E > IE) –IR verb

	Presente	**Subjuntivo**
yo	prefiero	prefiera
tú	prefieres	prefieras
él	prefiere	prefiera
nosotros	preferimos	prefiramos
vosotros	preferís	prefiráis
ellos	prefieren	prefieran

	Pretérito	**Imperfecto**
yo	preferí	prefería
tú	preferiste	preferías
él	prefirió	prefería
nosotros	preferimos	preferíamos
vosotros	preferisteis	preferíais
ellos	prefirieron	preferían

	Futuro	**Potencial**
yo	preferiré	preferiría
tú	preferirás	preferirías
él	preferirá	preferiría
nosotros	preferiremos	preferiríamos
vosotros	preferiréis	preferiríais
ellos	preferirán	preferirían

Imperfecto de subjuntivo	**Form 1**	**Form 2**
yo	prefiriera	prefiriese
tú	prefirieras	prefirieses
él	prefiriera	prefiriese
nosotros	prefiriéramos	prefiriésemos
vosotros	prefirierais	prefirieseis
ellos	prefirieran	prefiriesen

	Imperativo	**Gerundio**
(tú)	prefiere	prefiriendo
	no prefieras	
(Ud.)	prefiera	
(nosotros)	prefiramos	**Participio pasado**
(vosotros)	preferid	preferido
	no prefiráis	
(Uds.)	prefieran	

PREGUNTAR

to ask, to inquire; (se) to wonder
Regular –AR verb

	Presente	**Subjuntivo**
yo	pregunto	pregunte
tú	preguntas	preguntes
él	pregunta	pregunte
nosotros	preguntamos	preguntemos
vosotros	preguntáis	preguntéis
ellos	preguntan	pregunten

	Pretérito	**Imperfecto**
yo	pregunté	preguntaba
tú	preguntaste	preguntabas
él	preguntó	preguntaba
nosotros	preguntamos	preguntábamos
vosotros	preguntasteis	preguntabais
ellos	preguntaron	preguntaban

	Futuro	**Potencial**
yo	preguntaré	preguntaría
tú	preguntarás	preguntarías
él	preguntará	preguntaría
nosotros	preguntaremos	preguntaríamos
vosotros	preguntaréis	preguntaríais
ellos	preguntarán	preguntarían

Imperfecto de subjuntivo	**Form 1**	**Form 2**
yo	preguntara	preguntase
tú	preguntaras	preguntases
él	preguntara	preguntase
nosotros	preguntáramos	preguntásemos
vosotros	preguntarais	preguntaseis
ellos	preguntaran	preguntasen

	Imperativo	**Gerundio**
(tú)	pregunta	preguntando
	no preguntes	
(Ud.)	pregunte	
(nosotros)	preguntemos	**Participio pasado**
(vosotros)	preguntad	preguntado
	no preguntéis	
(Uds.)	pregunten	

PREOCUPARSE

to worry, to preoccupy
Regular reflexive –AR verb

	Presente	**Subjuntivo**
yo me	preocupo	preocupe
tú te	preocupas	preocupes
él se	preocupa	preocupe
nosotros nos	preocupamos	preocupemos
vosotros os	preocupáis	preocupéis
ellos se	preocupan	preocupen

	Pretérito	**Imperfecto**
yo me	preocupé	preocupaba
tú te	preocupaste	preocupabas
él se	preocupó	preocupaba
nosotros nos	preocupamos	preocupábamos
vosotros os	preocupasteis	preocupabais
ellos se	preocuparon	preocupaban

	Futuro	**Potencial**
yo me	preocuparé	preocuparía
tú te	preocuparás	preocuparías
él se	preocupará	preocuparía
nosotros nos	preocuparemos	preocuparíamos
vosotros os	preocuparéis	preocuparíais
ellos se	preocuparán	preocuparían

Imperfecto de subjuntivo	**Form 1**	**Form 2**
yo me	preocupara	preocupase
tú te	preocuparas	preocupases
él se	preocupara	preocupase
nosotros nos	preocupáramos	preocupásemos
vosotros os	preocuparais	preocupaseis
ellos se	preocuparan	preocupasen

	Imperativo	**Gerundio**
(tú)	preocúpate	preocupando
	no te preocupes	
(Ud.)	preocúpese	
(nosotros)	preocupémonos	**Participio pasado**
(vosotros)	preocupaos	preocupado
	no os preocupéis	
(Uds.)	preocúpense	

PRESENTAR

to present, to give, to show; to introduce;
(se) to introduce o.s., to show up
Regular –AR verb

	Presente	**Subjuntivo**
yo	presento	presente
tú	presentas	presentes
él	presenta	presente
nosotros	presentamos	presentemos
vosotros	presentáis	presentéis
ellos	presentan	presenten

	Pretérito	**Imperfecto**
yo	presenté	presentaba
tú	presentaste	presentabas
él	presentó	presentaba
nosotros	presentamos	presentábamos
vosotros	presentasteis	presentabais
ellos	presentaron	presentaban

	Futuro	**Potencial**
yo	presentaré	presentaría
tú	presentarás	presentarías
él	presentará	presentaría
nosotros	presentaremos	presentaríamos
vosotros	presentaréis	presentaríais
ellos	presentarán	presentarían

Imperfecto de subjuntivo	**Form 1**	**Form 2**
yo	presentara	presentase
tú	presentaras	presentases
él	presentara	presentase
nosotros	presentáramos	presentásemos
vosotros	presentarais	presentaseis
ellos	presentaran	presentasen

	Imperativo	**Gerundio**
(tú)	presenta	presentando
	no presentes	
(Ud.)	presente	
(nosotros)	presentemos	**Participio pasado**
(vosotros)	presentad	presentado
	no presentéis	
(Uds.)	presenten	

PRESTAR
to loan, to lend
Regular –AR verb

	Presente	**Subjuntivo**
yo	presto	preste
tú	prestas	prestes
él	presta	preste
nosotros	prestamos	prestemos
vosotros	prestáis	prestéis
ellos	prestan	presten

	Pretérito	**Imperfecto**
yo	presté	prestaba
tú	prestaste	prestabas
él	prestó	prestaba
nosotros	prestamos	prestábamos
vosotros	prestasteis	prestabais
ellos	prestaron	prestaban

	Futuro	**Potencial**
yo	prestaré	prestaría
tú	prestarás	prestarías
él	prestará	prestaría
nosotros	prestaremos	prestaríamos
vosotros	prestaréis	prestaríais
ellos	prestarán	prestarían

Imperfecto de subjuntivo	**Form 1**	**Form 2**
yo	prestara	prestase
tú	prestaras	prestases
él	prestara	prestase
nosotros	prestáramos	prestásemos
vosotros	prestarais	prestaseis
ellos	prestaran	prestasen

	Imperativo	**Gerundio**
(tú)	presta	prestando
	no prestes	
(Ud.)	preste	
(nosotros)	prestemos	**Participio pasado**
(vosotros)	prestad	prestado
	no prestéis	
(Uds.)	presten	

PROBAR
to test, to try; to prove
Stem-changing (O > UE) –AR verb

	Presente	**Subjuntivo**
yo	pruebo	pruebe
tú	pruebas	pruebes
él	prueba	pruebe
nosotros	probamos	probemos
vosotros	probáis	probéis
ellos	prueban	prueben

	Pretérito	**Imperfecto**
yo	probé	probaba
tú	probaste	probabas
él	probó	probaba
nosotros	probamos	probábamos
vosotros	probasteis	probabais
ellos	probaron	probaban

	Futuro	**Potencial**
yo	probaré	probaría
tú	probarás	probarías
él	probará	probaría
nosotros	probaremos	probaríamos
vosotros	probaréis	probaríais
ellos	probarán	probarían

Imperfecto de subjuntivo	**Form 1**	**Form 2**
yo	probara	probase
tú	probaras	probases
él	probara	probase
nosotros	probáramos	probásemos
vosotros	probarais	probaseis
ellos	probaran	probasen

	Imperativo	**Gerundio**
(tú)	prueba	probando
	no pruebes	
(Ud.)	pruebe	
(nosotros)	probemos	**Participio pasado**
(vosotros)	probad	probado
	no probéis	
(Uds.)	prueben	

PROPONER

to propose, to suggest
Irregular –ER verb

	Presente	**Subjuntivo**
yo	propongo	proponga
tú	propones	propongas
él	propone	proponga
nosotros	proponemos	propongamos
vosotros	proponéis	propongáis
ellos	proponen	propongan

	Pretérito	**Imperfecto**
yo	propuse	proponía
tú	propusiste	proponías
él	propuso	proponía
nosotros	propusimos	proponíamos
vosotros	propusisteis	proponíais
ellos	propusieron	proponían

	Futuro	**Potencial**
yo	propondré	propondría
tú	propondrás	propondrías
él	propondrá	propondría
nosotros	propondremos	propondríamos
vosotros	propondréis	propondríais
ellos	propondrán	propondrían

Imperfecto de subjuntivo	**Form 1**	**Form 2**
yo	propusiera	propusiese
tú	propusieras	propusieses
él	propusiera	propusiese
nosotros	propusiéramos	propusiésemos
vosotros	propusierais	propusieseis
ellos	propusieran	propusiesen

	Imperativo	**Gerundio**
(tú)	propón	proponiendo
	no propongas	
(Ud.)	proponga	
(nosotros)	propongamos	**Participio pasado**
(vosotros)	proponed	propuesto
	no propongáis	
(Uds.)	propongan	

PROVOCAR

to provoke; to tempt; to bring about
Spelling-change (C > QU) –AR verb

	Presente	**Subjuntivo**
yo	provoco	provoque
tú	provocas	provoques
él	provoca	provoque
nosotros	provocamos	provoquemos
vosotros	provocáis	provoquéis
ellos	provocan	provoquen

	Pretérito	**Imperfecto**
yo	provoqué	provocaba
tú	provocaste	provocabas
él	provocó	provocaba
nosotros	provocamos	provocábamos
vosotros	provocasteis	provocabais
ellos	provocaron	provocaban

	Futuro	**Potencial**
yo	provocaré	provocaría
tú	provocarás	provocarías
él	provocará	provocaría
nosotros	provocaremos	provocaríamos
vosotros	provocaréis	provocaríais
ellos	provocarán	provocarían

Imperfecto de subjuntivo	**Form 1**	**Form 2**
yo	provocara	provocase
tú	provocaras	provocases
él	provocara	provocase
nosotros	provocáramos	provocásemos
vosotros	provocarais	provocaseis
ellos	provocaran	provocasen

	Imperativo	**Gerundio**
(tú)	provoca	provocando
	no provoques	
(Ud.)	provoque	
(nosotros)	provoquemos	**Participio pasado**
(vosotros)	provocad	provocado
	no provoquéis	
(Uds.)	provoquen	

QUEBRAR

to break, to smash; to interrupt
Stem-changing (E > IE) –AR verb

	Presente	**Subjuntivo**
yo	quiebro	quiebre
tú	quiebras	quiebres
él	quiebra	quiebre
nosotros	quebramos	quebremos
vosotros	quebráis	quebréis
ellos	quiebran	quiebren
	Pretérito	**Imperfecto**
yo	quebré	quebraba
tú	quebraste	quebrabas
él	quebró	quebraba
nosotros	quebramos	quebrábamos
vosotros	quebrasteis	quebrabais
ellos	quebraron	quebraban
	Futuro	**Potencial**
yo	quebraré	quebraría
tú	quebrarás	quebrarías
él	quebrará	quebraría
nosotros	quebraremos	quebraríamos
vosotros	quebraréis	quebraríais
ellos	quebrarán	quebrarían

Imperfecto de subjuntivo	**Form 1**	**Form 2**
yo	quebrara	quebrase
tú	quebraras	quebrases
él	quebrara	quebrase
nosotros	quebráramos	quebrásemos
vosotros	quebrarais	quebraseis
ellos	quebraran	quebrasen

	Imperativo	**Gerundio**
(tú)	quiebra	quebrando
	no quiebres	
(Ud.)	quiebre	
(nosotros)	quebremos	**Participio pasado**
(vosotros)	quebrad	quebrado
	no quebréis	
(Uds.)	quiebren	

QUEDAR
to remain, to be left; to stay
Regular –AR verb

	Presente	**Subjuntivo**
yo	quedo	quede
tú	quedas	quedes
él	queda	quede
nosotros	quedamos	quedemos
vosotros	quedáis	quedéis
ellos	quedan	queden

	Pretérito	**Imperfecto**
yo	quedé	quedaba
tú	quedaste	quedabas
él	quedó	quedaba
nosotros	quedamos	quedábamos
vosotros	quedasteis	quedabais
ellos	quedaron	quedaban

	Futuro	**Potencial**
yo	quedaré	quedaría
tú	quedarás	quedarías
él	quedará	quedaría
nosotros	quedaremos	quedaríamos
vosotros	quedaréis	quedaríais
ellos	quedarán	quedarían

Imperfecto de subjuntivo	**Form 1**	**Form 2**
yo	quedara	quedase
tú	quedaras	quedases
él	quedara	quedase
nosotros	quedáramos	quedásemos
vosotros	quedarais	quedaseis
ellos	quedaran	quedasen

	Imperativo	**Gerundio**
(tú)	queda	quedando
	no quedes	
(Ud.)	quede	
(nosotros)	quedemos	**Participio pasado**
(vosotros)	quedad	quedado
	no quedéis	
(Uds.)	queden	

217

QUEMAR
to burn; to annoy
Regular –AR verb

	Presente	**Subjuntivo**
yo	quemo	queme
tú	quemas	quemes
él	quema	queme
nosotros	quemamos	quememos
vosotros	quemáis	queméis
ellos	queman	quemen

	Pretérito	**Imperfecto**
yo	quemé	quemaba
tú	quemaste	quemabas
él	quemó	quemaba
nosotros	quemamos	quemábamos
vosotros	quemasteis	quemabais
ellos	quemaron	quemaban

	Futuro	**Potencial**
yo	quemaré	quemaría
tú	quemarás	quemarías
él	quemará	quemaría
nosotros	quemaremos	quemaríamos
vosotros	quemaréis	quemaríais
ellos	quemarán	quemarían

Imperfecto de subjuntivo	**Form 1**	**Form 2**
yo	quemara	quemase
tú	quemaras	quemases
él	quemara	quemase
nosotros	quemáramos	quemásemos
vosotros	quemarais	quemaseis
ellos	quemaran	quemasen

	Imperativo	**Gerundio**
(tú)	quema	quemando
	no quemes	
(Ud.)	queme	
(nosotros)	quememos	**Participio pasado**
(vosotros)	quemad	quemado
	no queméis	
(Uds.)	quemen	

QUERER
to want; to like, to love
Irregular stem-changing (E > IE) –ER verb

	Presente	**Subjuntivo**
yo	quiero	quiera
tú	quieres	quieras
él	quiere	quiera
nosotros	queremos	queramos
vosotros	queréis	queráis
ellos	quieren	quieran

	Pretérito	**Imperfecto**
yo	quise	quería
tú	quisiste	querías
él	quiso	quería
nosotros	quisimos	queríamos
vosotros	quisisteis	queríais
ellos	quisieron	querían

	Futuro	**Potencial**
yo	querré	querría
tú	querrás	querrías
él	querrá	querría
nosotros	querremos	querríamos
vosotros	querréis	querríais
ellos	querrán	querrían

Imperfecto de subjuntivo	**Form 1**	**Form 2**
yo	quisiera	quisiese
tú	quisieras	quisieses
él	quisiera	quisiese
nosotros	quisiéramos	quisiésemos
vosotros	quisierais	quisieseis
ellos	quisieran	quisiesen

	Imperativo	**Gerundio**
(tú)	quiere	queriendo
	no quieras	
(Ud.)	quiera	
(nosotros)	queramos	**Participio pasado**
(vosotros)	quered	querido
	no queráis	
(Uds.)	quieran	

QUITAR
to remove, to take away; to ward off
Regular –AR verb

	Presente	**Subjuntivo**
yo	quito	quite
tú	quitas	quites
él	quita	quite
nosotros	quitamos	quitemos
vosotros	quitáis	quitéis
ellos	quitan	quiten

	Pretérito	**Imperfecto**
yo	quité	quitaba
tú	quitaste	quitabas
él	quitó	quitaba
nosotros	quitamos	quitábamos
vosotros	quitasteis	quitabais
ellos	quitaron	quitaban

	Futuro	**Potencial**
yo	quitaré	quitaría
tú	quitarás	quitarías
él	quitará	quitaría
nosotros	quitaremos	quitaríamos
vosotros	quitaréis	quitaríais
ellos	quitarán	quitarían

Imperfecto de subjuntivo	**Form 1**	**Form 2**
yo	quitara	quitase
tú	quitaras	quitases
él	quitara	quitase
nosotros	quitáramos	quitásemos
vosotros	quitarais	quitaseis
ellos	quitaran	quitasen

	Imperativo	**Gerundio**
(tú)	quita	quitando
	no quites	
(Ud.)	quite	
(nosotros)	quitemos	**Participio pasado**
(vosotros)	quitad	quitado
	no quitéis	
(Uds.)	quiten	

RECIBIR
to receive; to greet, to entertain
Regular –IR verb

	Presente	**Subjuntivo**
yo	recibo	reciba
tú	recibes	recibas
él	recibe	reciba
nosotros	recibimos	recibamos
vosotros	recibís	recibáis
ellos	reciben	reciban

	Pretérito	**Imperfecto**
yo	recibí	recibía
tú	recibiste	recibías
él	recibió	recibía
nosotros	recibimos	recibíamos
vosotros	recibisteis	recibíais
ellos	recibieron	recibían

	Futuro	**Potencial**
yo	recibiré	recibiría
tú	recibirás	recibirías
él	recibirá	recibiría
nosotros	recibiremos	recibiríamos
vosotros	recibiréis	recibiríais
ellos	recibirán	recibirían

Imperfecto de subjuntivo	**Form 1**	**Form 2**
yo	recibiera	recibiese
tú	recibieras	recibieses
él	recibiera	recibiese
nosotros	recibiéramos	recibiésemos
vosotros	recibierais	recibieseis
ellos	recibieran	recibiesen

	Imperativo	**Gerundio**
(tú)	recibe	recibiendo
	no recibas	
(Ud.)	reciba	
(nosotros)	recibamos	**Participio pasado**
(vosotros)	recibid	recibido
	no recibáis	
(Uds.)	reciban	

RECONOCER
to recognize, to identify, to acknowledge
Spelling-change (C > ZC) –ER verb

	Presente	**Subjuntivo**
yo	reconozco	reconozca
tú	reconoces	reconozcas
él	reconoce	reconozca
nosotros	reconocemos	reconozcamos
vosotros	reconocéis	reconozcáis
ellos	reconocen	reconozcan

	Pretérito	**Imperfecto**
yo	reconocí	reconocía
tú	reconociste	reconocías
él	reconoció	reconocía
nosotros	reconocimos	reconocíamos
vosotros	reconocisteis	reconocíais
ellos	reconocieron	reconocían

	Futuro	**Potencial**
yo	reconoceré	reconocería
tú	reconocerás	reconocerías
él	reconocerá	reconocería
nosotros	reconoceremos	reconoceríamos
vosotros	reconoceréis	reconoceríais
ellos	reconocerán	reconocerían

Imperfecto de subjuntivo	**Form 1**	**Form 2**
yo	reconociera	reconociese
tú	reconocieras	reconocieses
él	reconociera	reconociese
nosotros	reconociéramos	reconociésemos
vosotros	reconocierais	reconocieseis
ellos	reconocieran	reconociesen

	Imperativo	**Gerundio**
(tú)	reconoce	reconociendo
	no reconozcas	
(Ud.)	reconozca	
(nosotros)	reconozcamos	**Participio pasado**
(vosotros)	reconoced	reconocido
	no reconozcáis	
(Uds.)	reconozcan	

RECORDAR
to remember, to remind
Stem-changing (O > UE) –AR verb

	Presente	**Subjuntivo**
yo	recuerdo	recuerde
tú	recuerdas	recuerdes
él	recuerda	recuerde
nosotros	recordamos	recordemos
vosotros	recordáis	recordéis
ellos	recuerdan	recuerden

	Pretérito	**Imperfecto**
yo	recordé	recordaba
tú	recordaste	recordabas
él	recordó	recordaba
nosotros	recordamos	recordábamos
vosotros	recordasteis	recordabais
ellos	recordaron	recordaban

	Futuro	**Potencial**
yo	recordaré	recordaría
tú	recordarás	recordarías
él	recordará	recordaría
nosotros	recordaremos	recordaríamos
vosotros	recordaréis	recordaríais
ellos	recordarán	recordarían

Imperfecto de subjuntivo	**Form 1**	**Form 2**
yo	recordara	recordase
tú	recordaras	recordases
él	recordara	recordase
nosotros	recordáramos	recordásemos
vosotros	recordarais	recordaseis
ellos	recordaran	recordasen

	Imperativo	**Gerundio**
(tú)	recuerda	recordando
	no recuerdes	
(Ud.)	recuerde	
(nosotros)	recordemos	**Participio pasado**
(vosotros)	recordad	recordado
	no recordéis	
(Uds.)	recuerden	

REGALAR

to present, to give; to treat well
Regular –AR verb

	Presente	Subjuntivo
yo	regalo	regale
tú	regalas	regales
él	regala	regale
nosotros	regalamos	regalemos
vosotros	regaláis	regaléis
ellos	regalan	regalen

	Pretérito	Imperfecto
yo	regalé	regalaba
tú	regalaste	regalabas
él	regaló	regalaba
nosotros	regalamos	regalábamos
vosotros	regalasteis	regalabais
ellos	regalaron	regalaban

	Futuro	Potencial
yo	regalaré	regalaría
tú	regalarás	regalarías
él	regalará	regalaría
nosotros	regalaremos	regalaríamos
vosotros	regalaréis	regalaríais
ellos	regalarán	regalarían

Imperfecto de subjuntivo	Form 1	Form 2
yo	regalara	regalase
tú	regalaras	regalases
él	regalara	regalase
nosotros	regaláramos	regalásemos
vosotros	regalarais	regalaseis
ellos	regalaran	regalasen

	Imperativo	Gerundio
(tú)	regala	regalando
	no regales	
(Ud.)	regale	
(nosotros)	regalemos	Participio pasado
(vosotros)	regalad	regalado
	no regaléis	
(Uds.)	regalen	

REGRESAR
to return, to come/go back
Regular –AR verb

	Presente	**Subjuntivo**
yo	regreso	regrese
tú	regresas	regreses
él	regresa	regrese
nosotros	regresamos	regresemos
vosotros	regresáis	regreséis
ellos	regresan	regresen

	Pretérito	**Imperfecto**
yo	regresé	regresaba
tú	regresaste	regresabas
él	regresó	regresaba
nosotros	regresamos	regresábamos
vosotros	regresasteis	regresabais
ellos	regresaron	regresaban

	Futuro	**Potencial**
yo	regresaré	regresaría
tú	regresarás	regresarías
él	regresará	regresaría
nosotros	regresaremos	regresaríamos
vosotros	regresaréis	regresaríais
ellos	regresarán	regresarían

Imperfecto de subjuntivo	**Form 1**	**Form 2**
yo	regresara	regresase
tú	regresaras	regresases
él	regresara	regresase
nosotros	regresáramos	regresásemos
vosotros	regresarais	regresaseis
ellos	regresaran	regresasen

	Imperativo	**Gerundio**
(tú)	regresa	regresando
	no regreses	
(Ud.)	regrese	
(nosotros)	regresemos	**Participio pasado**
(vosotros)	regresad	regresado
	no regreséis	
(Uds.)	regresen	

REÍR
to laugh
Irregular –IR verb

	Presente	**Subjuntivo**
yo	río	ría
tú	ríes	rías
él	ríe	ría
nosotros	reímos	riamos
vosotros	reís	riáis
ellos	ríen	rían

	Pretérito	**Imperfecto**
yo	reí	reía
tú	reíste	reías
él	rió	reía
nosotros	reímos	reíamos
vosotros	reísteis	reíais
ellos	rieron	reían

	Futuro	**Potencial**
yo	reiré	reiría
tú	reirás	reirías
él	reirá	reiría
nosotros	reiremos	reiríamos
vosotros	reiréis	reiríais
ellos	reirán	reirían

Imperfecto de subjuntivo	**Form 1**	**Form 2**
yo	riera	riese
tú	rieras	rieses
él	riera	riese
nosotros	riéramos	riésemos
vosotros	rierais	rieseis
ellos	rieran	riesen

	Imperativo	**Gerundio**
(tú)	ríe	riendo
	no rías	
(Ud.)	ría	
(nosotros)	riamos	**Participio pasado**
(vosotros)	reíd	reído
	no riáis	
(Uds.)	rían	

REPETIR
to repeat
Stem-changing (E > I) –IR verb

	Presente	**Subjuntivo**
yo	repito	repita
tú	repites	repitas
él	repite	repita
nosotros	repetimos	repitamos
vosotros	repetís	repitáis
ellos	repiten	repitan

	Pretérito	**Imperfecto**
yo	repetí	repetía
tú	repetiste	repetías
él	repitió	repetía
nosotros	repetimos	repetíamos
vosotros	repetisteis	repetíais
ellos	repitieron	repetían

	Futuro	**Potencial**
yo	repetiré	repetiría
tú	repetirás	repetirías
él	repetirá	repetiría
nosotros	repetiremos	repetiríamos
vosotros	repetiréis	repetiríais
ellos	repetirán	repetirían

Imperfecto de subjuntivo	**Form 1**	**Form 2**
yo	repitiera	repitiese
tú	repitieras	repitieses
él	repitiera	repitiese
nosotros	repitiéramos	repitiésemos
vosotros	repitierais	repitieseis
ellos	repitieran	repitiesen

	Imperativo	**Gerundio**
(tú)	repite	repitiendo
	no repitas	
(Ud.)	repita	
(nosotros)	repitamos	**Participio pasado**
(vosotros)	repetid	repetido
	no repitáis	
(Uds.)	repitan	

RESOLVER

to solve, to resolve

Stem-changing (O > UE) –ER verb, irregular past participle

	Presente	**Subjuntivo**
yo	resuelvo	resuelva
tú	resuelves	resuelvas
él	resuelve	resuelva
nosotros	resolvemos	resolvamos
vosotros	resolvéis	resolváis
ellos	resuelven	resuelvan

	Pretérito	**Imperfecto**
yo	resolví	resolvía
tú	resolviste	resolvías
él	resolvió	resolvía
nosotros	resolvimos	resolvíamos
vosotros	resolvisteis	resolvíais
ellos	resolvieron	resolvían

	Futuro	**Potencial**
yo	resolveré	resolvería
tú	resolverás	resolverías
él	resolverá	resolvería
nosotros	resolveremos	resolveríamos
vosotros	resolveréis	resolveríais
ellos	resolverán	resolverían

Imperfecto de subjuntivo	**Form 1**	**Form 2**
yo	resolviera	resolviese
tú	resolvieras	resolvieses
él	resolviera	resolviese
nosotros	resolviéramos	resolviésemos
vosotros	resolvierais	resolvieseis
ellos	resolvieran	resolviesen

	Imperativo	**Gerundio**
(tú)	resuelve	resolviendo
	no resuelvas	
(Ud.)	resuelva	
(nosotros)	resolvamos	**Participio pasado**
(vosotros)	resolved	resuelto
	no resolváis	
(Uds.)	resuelvan	

ROMPER
to break
Regular –ER verb, irregular past participle

	Presente	**Subjuntivo**
yo	rompo	rompa
tú	rompes	rompas
él	rompe	rompa
nosotros	rompemos	rompamos
vosotros	rompéis	rompáis
ellos	rompen	rompan

	Pretérito	**Imperfecto**
yo	rompí	rompía
tú	rompiste	rompías
él	rompió	rompía
nosotros	rompimos	rompíamos
vosotros	rompisteis	rompíais
ellos	rompieron	rompían

	Futuro	**Potencial**
yo	romperé	rompería
tú	romperás	romperías
él	romperá	rompería
nosotros	romperemos	romperíamos
vosotros	romperéis	romperíais
ellos	romperán	romperían

Imperfecto de subjuntivo	**Form 1**	**Form 2**
yo	rompiera	rompiese
tú	rompieras	rompieses
él	rompiera	rompiese
nosotros	rompiéramos	rompiésemos
vosotros	rompierais	rompieseis
ellos	rompieran	rompiesen

	Imperativo	**Gerundio**
(tú)	rompe	rompiendo
	no rompas	
(Ud.)	rompa	
(nosotros)	rompamos	**Participio pasado**
(vosotros)	romped	roto
	no rompáis	
(Uds.)	rompan	

SABER
to know; to find out
Irregular –ER verb

	Presente	**Subjuntivo**
yo	sé	sepa
tú	sabes	sepas
él	sabe	sepa
nosotros	sabemos	sepamos
vosotros	sabéis	sepáis
ellos	saben	sepan

	Pretérito	**Imperfecto**
yo	supe	sabía
tú	supiste	sabías
él	supo	sabía
nosotros	supimos	sabíamos
vosotros	supisteis	sabíais
ellos	supieron	sabían

	Futuro	**Potencial**
yo	sabré	sabría
tú	sabrás	sabrías
él	sabrá	sabría
nosotros	sabremos	sabríamos
vosotros	sabréis	sabríais
ellos	sabrán	sabrían

Imperfecto de subjuntivo	**Form 1**	**Form 2**
yo	supiera	supiese
tú	supieras	supieses
él	supiera	supiese
nosotros	supiéramos	supiésemos
vosotros	supierais	supieseis
ellos	supieran	supiesen

	Imperativo	**Gerundio**
(tú)	sabe	sabiendo
	no sepas	
(Ud.)	sepa	
(nosotros)	sepamos	**Participio pasado**
(vosotros)	sabed	sabido
	no sepáis	
(Uds.)	sepan	

SACAR
to take out; to produce, to make
Spelling-change (C > QU) –AR verb

	Presente	**Subjuntivo**
yo	saco	saque
tú	sacas	saques
él	saca	saque
nosotros	sacamos	saquemos
vosotros	sacáis	saquéis
ellos	sacan	saquen

	Pretérito	**Imperfecto**
yo	saqué	sacaba
tú	sacaste	sacabas
él	sacó	sacaba
nosotros	sacamos	sacábamos
vosotros	sacasteis	sacabais
ellos	sacaron	sacaban

	Futuro	**Potencial**
yo	sacaré	sacaría
tú	sacarás	sacarías
él	sacará	sacaría
nosotros	sacaremos	sacaríamos
vosotros	sacaréis	sacaríais
ellos	sacarán	sacarían

Imperfecto de subjuntivo	**Form 1**	**Form 2**
yo	sacara	sacase
tú	sacaras	sacases
él	sacara	sacase
nosotros	sacáramos	sacásemos
vosotros	sacarais	sacaseis
ellos	sacaran	sacasen

	Imperativo	**Gerundio**
(tú)	saca	sacando
	no saques	
(Ud.)	saque	
(nosotros)	saquemos	**Participio pasado**
(vosotros)	sacad	sacado
	no saquéis	
(Uds.)	saquen	

SALIR
to leave, to go out
Irregular –IR verb

	Presente	**Subjuntivo**
yo	salgo	salga
tú	sales	salgas
él	sale	salga
nosotros	salimos	salgamos
vosotros	salís	salgáis
ellos	salen	salgan

	Pretérito	**Imperfecto**
yo	salí	salía
tú	saliste	salías
él	salió	salía
nosotros	salimos	salíamos
vosotros	salisteis	salíais
ellos	salieron	salían

	Futuro	**Potencial**
yo	saldré	saldría
tú	saldrás	saldrías
él	saldrá	saldría
nosotros	saldremos	saldríamos
vosotros	saldréis	saldríais
ellos	saldrán	saldrían

Imperfecto de subjuntivo	**Form 1**	**Form 2**
yo	saliera	saliese
tú	salieras	salieses
él	saliera	saliese
nosotros	saliéramos	saliésemos
vosotros	salierais	salieseis
ellos	salieran	saliesen

	Imperativo	**Gerundio**
(tú)	sal	saliendo
	no salgas	
(Ud.)	salga	
(nosotros)	salgamos	**Participio pasado**
(vosotros)	salid	salido
	no salgáis	
(Uds.)	salgan	

SECAR

to dry s.t.; to annoy, to bore; (se) to dry o.s., to dry up
Spelling-change (C > QU) –AR verb

	Presente	**Subjuntivo**
yo	seco	seque
tú	secas	seques
él	seca	seque
nosotros	secamos	sequemos
vosotros	secáis	sequéis
ellos	secan	sequen

	Pretérito	**Imperfecto**
yo	sequé	secaba
tú	secaste	secabas
él	secó	secaba
nosotros	secamos	secábamos
vosotros	secasteis	secabais
ellos	secaron	secaban

	Futuro	**Potencial**
yo	secaré	secaría
tú	secarás	secarías
él	secará	secaría
nosotros	secaremos	secaríamos
vosotros	secaréis	secaríais
ellos	secarán	secarían

Imperfecto de subjuntivo	**Form 1**	**Form 2**
yo	secara	secase
tú	secaras	secases
él	secara	secase
nosotros	secáramos	secásemos
vosotros	secarais	secaseis
ellos	secaran	secasen

	Imperativo	**Gerundio**
(tú)	seca	secando
	no seques	
(Ud.)	seque	
(nosotros)	sequemos	**Participio pasado**
(vosotros)	secad	secado
	no sequéis	
(Uds.)	sequen	

SEGUIR
to follow, to continue; to chase
Stem-changing (E > I) and spelling-change (GU > G) –IR verb

	Presente	**Subjuntivo**
yo	sigo	siga
tú	sigues	sigas
él	sigue	siga
nosotros	seguimos	sigamos
vosotros	seguís	sigáis
ellos	siguen	sigan

	Pretérito	**Imperfecto**
yo	seguí	seguía
tú	seguiste	seguías
él	siguió	seguía
nosotros	seguimos	seguíamos
vosotros	seguisteis	seguíais
ellos	siguieron	seguían

	Futuro	**Potencial**
yo	seguiré	seguiría
tú	seguirás	seguirías
él	seguirá	seguiría
nosotros	seguiremos	seguiríamos
vosotros	seguiréis	seguiríais
ellos	seguirán	seguirían

Imperfecto de subjuntivo	**Form 1**	**Form 2**
yo	siguiera	siguiese
tú	siguieras	siguieses
él	siguiera	siguiese
nosotros	siguiéramos	siguiésemos
vosotros	siguierais	siguieseis
ellos	siguieran	siguiesen

	Imperativo	**Gerundio**
(tú)	sigue	siguiendo
	no sigas	
(Ud.)	siga	
(nosotros)	sigamos	**Participio pasado**
(vosotros)	seguid	seguido
	no sigáis	
(Uds.)	sigan	

SENTAR
to sit, to place; (se) to sit down, to settle
Stem-changing (E > IE) –AR verb

	Presente	**Subjuntivo**
yo	siento	siente
tú	sientas	sientes
él	sienta	siente
nosotros	sentamos	sentemos
vosotros	sentáis	sentéis
ellos	sientan	sienten

	Pretérito	**Imperfecto**
yo	senté	sentaba
tú	sentaste	sentabas
él	sentó	sentaba
nosotros	sentamos	sentábamos
vosotros	sentasteis	sentabais
ellos	sentaron	sentaban

	Futuro	**Potencial**
yo	sentaré	sentaría
tú	sentarás	sentarías
él	sentará	sentaría
nosotros	sentaremos	sentaríamos
vosotros	sentaréis	sentaríais
ellos	sentarán	sentarían

Imperfecto de subjuntivo	**Form 1**	**Form 2**
yo	sentara	sentase
tú	sentaras	sentases
él	sentara	sentase
nosotros	sentáramos	sentásemos
vosotros	sentarais	sentaseis
ellos	sentaran	sentasen

	Imperativo	**Gerundio**
(tú)	sienta	sentando
	no sientes	
(Ud.)	siente	
(nosotros)	sentemos	**Participio pasado**
(vosotros)	sentad	sentado
	no sentéis	
(Uds.)	sienten	

SENTIR
to feel, to sense; to regret
Stem-changing (E > IE) –IR verb

	Presente	**Subjuntivo**
yo	siento	sienta
tú	sientes	sientas
él	siente	sienta
nosotros	sentimos	sintamos
vosotros	sentís	sintáis
ellos	sienten	sientan

	Pretérito	**Imperfecto**
yo	sentí	sentía
tú	sentiste	sentías
él	sintió	sentía
nosotros	sentimos	sentíamos
vosotros	sentisteis	sentíais
ellos	sintieron	sentían

	Futuro	**Potencial**
yo	sentiré	sentiría
tú	sentirás	sentirías
él	sentirá	sentiría
nosotros	sentiremos	sentiríamos
vosotros	sentiréis	sentiríais
ellos	sentirán	sentirían

Imperfecto de subjuntivo	**Form 1**	**Form 2**
yo	sintiera	sintiese
tú	sintieras	sintieses
él	sintiera	sintiese
nosotros	sintiéramos	sintiésemos
vosotros	sintierais	sintieseis
ellos	sintieran	sintiesen

	Imperativo	**Gerundio**
(tú)	siente	sintiendo
	no sientas	
(Ud.)	sienta	
(nosotros)	sintamos	**Participio pasado**
(vosotros)	sentid	sentido
	no sintáis	
(Uds.)	sientan	

SER
to be
Irregular –ER verb

	Presente	**Subjuntivo**
yo	soy	sea
tú	eres	seas
él	es	sea
nosotros	somos	seamos
vosotros	sois	seáis
ellos	son	sean

	Pretérito	**Imperfecto**
yo	fui	era
tú	fuiste	eras
él	fue	era
nosotros	fuimos	éramos
vosotros	fuisteis	erais
ellos	fueron	eran

	Futuro	**Potencial**
yo	seré	sería
tú	serás	serías
él	será	sería
nosotros	seremos	seríamos
vosotros	seréis	seríais
ellos	serán	serían

Imperfecto de subjuntivo	**Form 1**	**Form 2**
yo	fuera	fuese
tú	fueras	fueses
él	fuera	fuese
nosotros	fuéramos	fuésemos
vosotros	fuerais	fueseis
ellos	fueran	fuesen

	Imperativo	**Gerundio**
(tú)	sé	siendo
	no seas	
(Ud.)	sea	
(nosotros)	seamos	**Participio pasado**
(vosotros)	sed	sido
	no seáis	
(Uds.)	sean	

SERVIR
to serve
Stem-changing (E > I) –IR verb

	Presente	**Subjuntivo**
yo	sirvo	sirva
tú	sirves	sirvas
él	sirve	sirva
nosotros	servimos	sirvamos
vosotros	servís	sirváis
ellos	sirven	sirvan

	Pretérito	**Imperfecto**
yo	serví	servía
tú	serviste	servías
él	sirvió	servía
nosotros	servimos	servíamos
vosotros	servisteis	servíais
ellos	sirvieron	servían

	Futuro	**Potencial**
yo	serviré	serviría
tú	servirás	servirías
él	servirá	serviría
nosotros	serviremos	serviríamos
vosotros	serviréis	serviríais
ellos	servirán	servirían

Imperfecto de subjuntivo	**Form 1**	**Form 2**
yo	sirviera	sirviese
tú	sirvieras	sirvieses
él	sirviera	sirviese
nosotros	sirviéramos	sirviésemos
vosotros	sirvierais	sirvieseis
ellos	sirvieran	sirviesen

	Imperativo	**Gerundio**
(tú)	sirve	sirviendo
	no sirvas	
(Ud.)	sirva	
(nosotros)	sirvamos	**Participio pasado**
(vosotros)	servid	servido
	no sirváis	
(Uds.)	sirvan	

SITUAR

to put, to place; to locate; to invest; (se) to get a position, to situate o.s.
Regular –AR verb, irregular accentuation

	Presente	**Subjuntivo**
yo	sitúo	sitúe
tú	sitúas	sitúes
él	sitúa	sitúe
nosotros	situamos	situemos
vosotros	situáis	situéis
ellos	sitúan	sitúen

	Pretérito	**Imperfecto**
yo	situé	situaba
tú	situaste	situabas
él	situó	situaba
nosotros	situamos	situábamos
vosotros	situasteis	situabais
ellos	situaron	situaban

	Futuro	**Potencial**
yo	situaré	situaría
tú	situarás	situarías
él	situará	situaría
nosotros	situaremos	situaríamos
vosotros	situaréis	situaríais
ellos	situarán	situarían

Imperfecto de subjuntivo	**Form 1**	**Form 2**
yo	situara	situase
tú	situaras	situases
él	situara	situase
nosotros	situáramos	situásemos
vosotros	situarais	situaseis
ellos	situaran	situasen

	Imperativo	**Gerundio**
(tú)	sitúa	situando
	no sitúes	
(Ud.)	sitúe	
(nosotros)	situemos	**Participio pasado**
(vosotros)	situad	situado
	no situéis	
(Uds.)	sitúen	

SOÑAR
to dream
Stem-changing (O > UE) –AR verb

	Presente	**Subjuntivo**
yo	sueño	sueñe
tú	sueñas	sueñes
él	sueña	sueñe
nosotros	soñamos	soñemos
vosotros	soñáis	soñéis
ellos	sueñan	sueñen

	Pretérito	**Imperfecto**
yo	soñé	soñaba
tú	soñaste	soñabas
él	soñó	soñaba
nosotros	soñamos	soñábamos
vosotros	soñasteis	soñabais
ellos	soñaron	soñaban

	Futuro	**Potencial**
yo	soñaré	soñaría
tú	soñarás	soñarías
él	soñará	soñaría
nosotros	soñaremos	soñaríamos
vosotros	soñaréis	soñaríais
ellos	soñarán	soñarían

Imperfecto de subjuntivo	**Form 1**	**Form 2**
yo	soñara	soñase
tú	soñaras	soñases
él	soñara	soñase
nosotros	soñáramos	soñásemos
vosotros	soñarais	soñaseis
ellos	soñaran	soñasen

	Imperativo	**Gerundio**
(tú)	sueña	soñando
	no sueñes	
(Ud.)	sueñe	
(nosotros)	soñemos	**Participio pasado**
(vosotros)	soñad	soñado
	no soñéis	
(Uds.)	sueñen	

SORPRENDER
to surprise
Regular –ER verb

	Presente	**Subjuntivo**
yo	sorprendo	sorprenda
tú	sorprendes	sorprendas
él	sorprende	sorprenda
nosotros	sorprendemos	sorprendamos
vosotros	sorprendéis	sorprendáis
ellos	sorprenden	sorprendan

	Pretérito	**Imperfecto**
yo	sorprendí	sorprendía
tú	sorprendiste	sorprendías
él	sorprendió	sorprendía
nosotros	sorprendimos	sorprendíamos
vosotros	sorprendisteis	sorprendíais
ellos	sorprendieron	sorprendían

	Futuro	**Potencial**
yo	sorprenderé	sorprendería
tú	sorprenderás	sorprenderías
él	sorprenderá	sorprendería
nosotros	sorprenderemos	sorprenderíamos
vosotros	sorprenderéis	sorprenderíais
ellos	sorprenderán	sorprenderían

Imperfecto de subjuntivo	**Form 1**	**Form 2**
yo	sorprendiera	sorprendiese
tú	sorprendieras	sorprendieses
él	sorprendiera	sorprendiese
nosotros	sorprendiéramos	sorprendiésemos
vosotros	sorprendierais	sorprendieseis
ellos	sorprendieran	sorprendiesen

	Imperativo	**Gerundio**
(tú)	sorprende	sorprendiendo
	no sorprendas	
(Ud.)	sorprenda	
(nosotros)	sorprendamos	**Participio pasado**
(vosotros)	sorprended	sorprendido
	no sorprendáis	
(Uds.)	sorprendan	

SUBIR
to go up, to climb; to raise, to lift
Regular –IR verb

	Presente	**Subjuntivo**
yo	subo	suba
tú	subes	subas
él	sube	suba
nosotros	subimos	subamos
vosotros	subís	subáis
ellos	suben	suban

	Pretérito	**Imperfecto**
yo	subí	subía
tú	subiste	subías
él	subió	subía
nosotros	subimos	subíamos
vosotros	subisteis	subíais
ellos	subieron	subían

	Futuro	**Potencial**
yo	subiré	subiría
tú	subirás	subirías
él	subirá	subiría
nosotros	subiremos	subiríamos
vosotros	subiréis	subiríais
ellos	subirán	subirían

Imperfecto de subjuntivo	**Form 1**	**Form 2**
yo	subiera	subiese
tú	subieras	subieses
él	subiera	subiese
nosotros	subiéramos	subiésemos
vosotros	subierais	subieseis
ellos	subieran	subiesen

	Imperativo	**Gerundio**
(tú)	sube	subiendo
	no subas	
(Ud.)	suba	
(nosotros)	subamos	**Participio pasado**
(vosotros)	subid	subido
	no subáis	
(Uds.)	suban	

SUFRIR
to suffer, to endure
Regular –IR verb

	Presente	**Subjuntivo**
yo	sufro	sufra
tú	sufres	sufras
él	sufre	sufra
nosotros	sufrimos	suframos
vosotros	sufrís	sufráis
ellos	sufren	sufran

	Pretérito	**Imperfecto**
yo	sufrí	sufría
tú	sufriste	sufrías
él	sufrió	sufría
nosotros	sufrimos	sufríamos
vosotros	sufristeis	sufríais
ellos	sufrieron	sufrían

	Futuro	**Potencial**
yo	sufriré	sufriría
tú	sufrirás	sufrirías
él	sufrirá	sufriría
nosotros	sufriremos	sufriríamos
vosotros	sufriréis	sufriríais
ellos	sufrirán	sufrirían

Imperfecto de subjuntivo	**Form 1**	**Form 2**
yo	sufriera	sufriese
tú	sufrieras	sufrieses
él	sufriera	sufriese
nosotros	sufriéramos	sufriésemos
vosotros	sufrierais	sufrieseis
ellos	sufrieran	sufriesen

	Imperativo	**Gerundio**
(tú)	sufre	sufriendo
	no sufras	
(Ud.)	sufra	
(nosotros)	suframos	**Participio pasado**
(vosotros)	sufrid	sufrido
	no sufráis	
(Uds.)	sufran	

TENER
to have
Irregular –ER verb

	Presente	**Subjuntivo**
yo	tengo	tenga
tú	tienes	tengas
él	tiene	tenga
nosotros	tenemos	tengamos
vosotros	tenéis	tengáis
ellos	tienen	tengan

	Pretérito	**Imperfecto**
yo	tuve	tenía
tú	tuviste	tenías
él	tuvo	tenía
nosotros	tuvimos	teníamos
vosotros	tuvisteis	teníais
ellos	tuvieron	tenían

	Futuro	**Potencial**
yo	tendré	tendría
tú	tendrás	tendrías
él	tendrá	tendría
nosotros	tendremos	tendríamos
vosotros	tendréis	tendríais
ellos	tendrán	tendrían

Imperfecto de subjuntivo	**Form 1**	**Form 2**
yo	tuviera	tuviese
tú	tuvieras	tuvieses
él	tuviera	tuviese
nosotros	tuviéramos	tuviésemos
vosotros	tuvierais	tuvieseis
ellos	tuvieran	tuviesen

	Imperativo	**Gerundio**
(tú)	ten	teniendo
	no tengas	
(Ud.)	tenga	
(nosotros)	tengamos	**Participio pasado**
(vosotros)	tened	tenido
	no tengáis	
(Uds.)	tengan	

TERMINAR
to finish, to end, to terminate
Regular –AR verb

	Presente	**Subjuntivo**
yo	termino	termine
tú	terminas	termines
él	termina	termine
nosotros	terminamos	terminemos
vosotros	termináis	terminéis
ellos	terminan	terminen

	Pretérito	**Imperfecto**
yo	terminé	terminaba
tú	terminaste	terminabas
él	terminó	terminaba
nosotros	terminamos	terminábamos
vosotros	terminasteis	terminabais
ellos	terminaron	terminaban

	Futuro	**Potencial**
yo	terminaré	terminaría
tú	terminarás	terminarías
él	terminará	terminaría
nosotros	terminaremos	terminaríamos
vosotros	terminaréis	terminaríais
ellos	terminarán	terminarían

Imperfecto de subjuntivo	**Form 1**	**Form 2**
yo	terminara	terminase
tú	terminaras	terminases
él	terminara	terminase
nosotros	termináramos	terminásemos
vosotros	terminarais	terminaseis
ellos	terminaran	terminasen

	Imperativo	**Gerundio**
(tú)	termina	terminando
	no termines	
(Ud.)	termine	
(nosotros)	terminemos	**Participio pasado**
(vosotros)	terminad	terminado
	no terminéis	
(Uds.)	terminen	

TIRAR
to pull; to throw
Regular –AR verb

	Presente	**Subjuntivo**
yo	tiro	tire
tú	tiras	tires
él	tira	tire
nosotros	tiramos	tiremos
vosotros	tiráis	tiréis
ellos	tiran	tiren

	Pretérito	**Imperfecto**
yo	tiré	tiraba
tú	tiraste	tirabas
él	tiró	tiraba
nosotros	tiramos	tirábamos
vosotros	tirasteis	tirabais
ellos	tiraron	tiraban

	Futuro	**Potencial**
yo	tiraré	tiraría
tú	tirarás	tirarías
él	tirará	tiraría
nosotros	tiraremos	tiraríamos
vosotros	tiraréis	tiraríais
ellos	tirarán	tirarían

Imperfecto de subjuntivo	**Form 1**	**Form 2**
yo	tirara	tirase
tú	tiraras	tirases
él	tirara	tirase
nosotros	tiráramos	tirásemos
vosotros	tirarais	tiraseis
ellos	tiraran	tirasen

	Imperativo	**Gerundio**
(tú)	tira	tirando
	no tires	
(Ud.)	tire	
(nosotros)	tiremos	**Participio pasado**
(vosotros)	tirad	tirado
	no tiréis	
(Uds.)	tiren	

TOCAR
to touch; to play (an instrument); to be one's turn
Spelling-change (C > QU) –AR verb

	Presente	**Subjuntivo**
yo	toco	toque
tú	tocas	toques
él	toca	toque
nosotros	tocamos	toquemos
vosotros	tocáis	toquéis
ellos	tocan	toquen

	Pretérito	**Imperfecto**
yo	toqué	tocaba
tú	tocaste	tocabas
él	tocó	tocaba
nosotros	tocamos	tocábamos
vosotros	tocasteis	tocabais
ellos	tocaron	tocaban

	Futuro	**Potencial**
yo	tocaré	tocaría
tú	tocarás	tocarías
él	tocará	tocaría
nosotros	tocaremos	tocaríamos
vosotros	tocaréis	tocaríais
ellos	tocarán	tocarían

Imperfecto de subjuntivo	**Form 1**	**Form 2**
yo	tocara	tocase
tú	tocaras	tocases
él	tocara	tocase
nosotros	tocáramos	tocásemos
vosotros	tocarais	tocaseis
ellos	tocaran	tocasen

	Imperativo	**Gerundio**
(tú)	toca	tocando
	no toques	
(Ud.)	toque	
(nosotros)	toquemos	**Participio pasado**
(vosotros)	tocad	tocado
	no toquéis	
(Uds.)	toquen	

TOMAR
to take; to eat, to drink
Regular -AR verb

	Presente	**Subjuntivo**
yo	tomo	tome
tú	tomas	tomes
él	toma	tome
nosotros	tomamos	tomemos
vosotros	tomáis	toméis
ellos	toman	tomen

	Pretérito	**Imperfecto**
yo	tomé	tomaba
tú	tomaste	tomabas
él	tomó	tomaba
nosotros	tomamos	tomábamos
vosotros	tomasteis	tomabais
ellos	tomaron	tomaban

	Futuro	**Potencial**
yo	tomaré	tomaría
tú	tomarás	tomarías
él	tomará	tomaría
nosotros	tomaremos	tomaríamos
vosotros	tomaréis	tomaríais
ellos	tomarán	tomarían

Imperfecto de subjuntivo	**Form 1**	**Form 2**
yo	tomara	tomase
tú	tomaras	tomases
él	tomara	tomase
nosotros	tomáramos	tomásemos
vosotros	tomarais	tomaseis
ellos	tomaran	tomasen

	Imperativo	**Gerundio**
(tú)	toma	tomando
	no tomes	
(Ud.)	tome	
(nosotros)	tomemos	**Participio pasado**
(vosotros)	tomad	tomado
	no toméis	
(Uds.)	tomen	

TRABAJAR
to work
Regular –AR verb

	Presente	**Subjuntivo**
yo	trabajo	trabaje
tú	trabajas	trabajes
él	trabaja	trabaje
nosotros	trabajamos	trabajemos
vosotros	trabajáis	trabajéis
ellos	trabajan	trabajen

	Pretérito	**Imperfecto**
yo	trabajé	trabajaba
tú	trabajaste	trabajabas
él	trabajó	trabajaba
nosotros	trabajamos	trabajábamos
vosotros	trabajasteis	trabajabais
ellos	trabajaron	trabajaban

	Futuro	**Potencial**
yo	trabajaré	trabajaría
tú	trabajarás	trabajarías
él	trabajará	trabajaría
nosotros	trabajaremos	trabajaríamos
vosotros	trabajaréis	trabajaríais
ellos	trabajarán	trabajarían

Imperfecto de subjuntivo	**Form 1**	**Form 2**
yo	trabajara	trabajase
tú	trabajaras	trabajases
él	trabajara	trabajase
nosotros	trabajáramos	trabajásemos
vosotros	trabajarais	trabajaseis
ellos	trabajaran	trabajasen

	Imperativo	**Gerundio**
(tú)	trabaja	trabajando
	no trabajes	
(Ud.)	trabaje	
(nosotros)	trabajemos	**Participio pasado**
(vosotros)	trabajad	trabajado
	no trabajéis	
(Uds.)	trabajen	

TRADUCIR
to traduce, to insert, to input
Spelling-change (C > ZC) –IR verb, irregular preterite
and imperfect subjunctive

	Presente	**Subjuntivo**
yo	traduzco	traduzca
tú	traduces	traduzcas
él	traduce	traduzca
nosotros	traducimos	traduzcamos
vosotros	traducís	traduzcáis
ellos	traducen	traduzcan
	Pretérito	**Imperfecto**
yo	traduje	traducía
tú	tradujiste	traducías
él	tradujo	traducía
nosotros	tradujimos	traducíamos
vosotros	tradujisteis	traducíais
ellos	tradujeron	traducían
	Futuro	**Potencial**
yo	traduciré	traduciría
tú	traducirás	traducirías
él	traducirá	traduciría
nosotros	traduciremos	traduciríamos
vosotros	traduciréis	traduciríais
ellos	traducirán	traducirían

Imperfecto de subjuntivo	**Form 1**	**Form 2**
yo	tradujera	tradujese
tú	tradujeras	tradujeses
él	tradujera	tradujese
nosotros	tradujéramos	tradujésemos
vosotros	tradujerais	tradujeseis
ellos	tradujeran	tradujesen

	Imperativo	**Gerundio**
(tú)	traduce	traduciendo
	no traduzcas	
(Ud.)	traduzca	
(nosotros)	traduzcamos	**Participio pasado**
(vosotros)	traducid	traducido
	no traduzcáis	
(Uds.)	traduzcan	

TRAER
to bring
Irregular –ER verb

	Presente	**Subjuntivo**
yo	traigo	traiga
tú	traes	traigas
él	trae	traiga
nosotros	traemos	traigamos
vosotros	traéis	traigáis
ellos	traen	traigan

	Pretérito	**Imperfecto**
yo	traje	traía
tú	trajiste	traías
él	trajo	traía
nosotros	trajimos	traíamos
vosotros	trajisteis	traíais
ellos	trajeron	traían

	Futuro	**Potencial**
yo	traeré	traería
tú	traerás	traerías
él	traerá	traería
nosotros	traeremos	traeríamos
vosotros	traeréis	traeríais
ellos	traerán	traerían

Imperfecto de subjuntivo	**Form 1**	**Form 2**
yo	trajera	trajese
tú	trajeras	trajeses
él	trajera	trajese
nosotros	trajéramos	trajésemos
vosotros	trajerais	trajeseis
ellos	trajeran	trajesen

	Imperativo	**Gerundio**
(tú)	trae	trayendo
	no traigas	
(Ud.)	traiga	
(nosotros)	traigamos	**Participio pasado**
(vosotros)	traed	traído
	no traigáis	
(Uds.)	traigan	

TRATAR
to treat, to handle, to deal with
Regular –AR verb

	Presente	**Subjuntivo**
yo	trato	trate
tú	tratas	trates
él	trata	trate
nosotros	tratamos	tratemos
vosotros	tratáis	tratéis
ellos	tratan	traten

	Pretérito	**Imperfecto**
yo	traté	trataba
tú	trataste	tratabas
él	trató	trataba
nosotros	tratamos	tratábamos
vosotros	tratasteis	tratabais
ellos	trataron	trataban

	Futuro	**Potencial**
yo	trataré	trataría
tú	tratarás	tratarías
él	tratará	trataría
nosotros	trataremos	trataríamos
vosotros	trataréis	trataríais
ellos	tratarán	tratarían

Imperfecto de subjuntivo	**Form 1**	**Form 2**
yo	tratara	tratase
tú	trataras	tratases
él	tratara	tratase
nosotros	tratáramos	tratásemos
vosotros	tratarais	trataseis
ellos	trataran	tratasen

	Imperativo	**Gerundio**
(tú)	trata	tratando
	no trates	
(Ud.)	trate	
(nosotros)	tratemos	**Participio pasado**
(vosotros)	tratad	tratado
	no tratéis	
(Uds.)	traten	

UTILIZAR
to use, to utilize
Spelling-change (Z > C) –AR verb

	Presente	**Subjuntivo**
yo	utilizo	utilice
tú	utilizas	utilices
él	utiliza	utilice
nosotros	utilizamos	utilicemos
vosotros	utilizáis	utilicéis
ellos	utilizan	utilicen

	Pretérito	**Imperfecto**
yo	utilicé	utilizaba
tú	utilizaste	utilizabas
él	utilizó	utilizaba
nosotros	utilizamos	utilizábamos
vosotros	utilizasteis	utilizabais
ellos	utilizaron	utilizaban

	Futuro	**Potencial**
yo	utilizaré	utilizaría
tú	utilizarás	utilizarías
él	utilizará	utilizaría
nosotros	utilizaremos	utilizaríamos
vosotros	utilizaréis	utilizaríais
ellos	utilizarán	utilizarían

Imperfecto de subjuntivo	**Form 1**	**Form 2**
yo	utilizara	utilizase
tú	utilizaras	utilizases
él	utilizara	utilizase
nosotros	utilizáramos	utilizásemos
vosotros	utilizarais	utilizaseis
ellos	utilizaran	utilizasen

	Imperativo	**Gerundio**
(tú)	utiliza	utilizando
	no utilices	
(Ud.)	utilice	
(nosotros)	utilicemos	**Participio pasado**
(vosotros)	utilizad	utilizado
	no utilicéis	
(Uds.)	utilicen	

VALER
to protect; to cost, to be worth
Irregular –ER verb

	Presente	**Subjuntivo**
yo	valgo	valga
tú	vales	valgas
él	vale	valga
nosotros	valemos	valgamos
vosotros	valéis	valgáis
ellos	valen	valgan

	Pretérito	**Imperfecto**
yo	valí	valía
tú	valiste	valías
él	valió	valía
nosotros	valimos	valíamos
vosotros	valisteis	valíais
ellos	valieron	valían

	Futuro	**Potencial**
yo	valdré	valdría
tú	valdrás	valdrías
él	valdrá	valdría
nosotros	valdremos	valdríamos
vosotros	valdréis	valdríais
ellos	valdrán	valdrían

Imperfecto de subjuntivo	**Form 1**	**Form 2**
yo	valiera	valiese
tú	valieras	valieses
él	valiera	valiese
nosotros	valiéramos	valiésemos
vosotros	valierais	valieseis
ellos	valieran	valiesen

	Imperativo	**Gerundio**
(tú)	val/vale	valiendo
	no valgas	
(Ud.)	valga	
(nosotros)	valgamos	**Participio pasado**
(vosotros)	valed	valido
	no valgáis	
(Uds.)	valgan	

VENCER
to defeat, to win; to overcome
Spelling-change (C > Z) –ER verb

	Presente	**Subjuntivo**
yo	venzo	venza
tú	vences	venzas
él	vence	venza
nosotros	vencemos	venzamos
vosotros	vencéis	venzáis
ellos	vencen	venzan

	Pretérito	**Imperfecto**
yo	vencí	vencía
tú	venciste	vencías
él	venció	vencía
nosotros	vencimos	vencíamos
vosotros	vencisteis	vencíais
ellos	vencieron	vencían

	Futuro	**Potencial**
yo	venceré	vencería
tú	vencerás	vencerías
él	vencerá	vencería
nosotros	venceremos	venceríamos
vosotros	venceréis	venceríais
ellos	vencerán	vencerían

Imperfecto de subjuntivo	**Form 1**	**Form 2**
yo	venciera	venciese
tú	vencieras	vencieses
él	venciera	venciese
nosotros	venciéramos	venciésemos
vosotros	vencierais	vencieseis
ellos	vencieran	venciesen

	Imperativo	**Gerundio**
(tú)	vence	venciendo
	no venzas	
(Ud.)	venza	
(nosotros)	venzamos	**Participio pasado**
(vosotros)	venced	vencido
	no venzáis	
(Uds.)	venzan	

VENDER
to sell
Regular –ER verb

	Presente	**Subjuntivo**
yo	vendo	venda
tú	vendes	vendas
él	vende	venda
nosotros	vendemos	vendamos
vosotros	vendéis	vendáis
ellos	venden	vendan

	Pretérito	**Imperfecto**
yo	vendí	vendía
tú	vendiste	vendías
él	vendió	vendía
nosotros	vendimos	vendíamos
vosotros	vendisteis	vendíais
ellos	vendieron	vendían

	Futuro	**Potencial**
yo	venderé	vendería
tú	venderás	venderías
él	venderá	vendería
nosotros	venderemos	venderíamos
vosotros	venderéis	venderíais
ellos	venderán	venderían

Imperfecto de subjuntivo	**Form 1**	**Form 2**
yo	vendiera	vendiese
tú	vendieras	vendieses
él	vendiera	vendiese
nosotros	vendiéramos	vendiésemos
vosotros	vendierais	vendieseis
ellos	vendieran	vendiesen

	Imperativo	**Gerundio**
(tú)	vende	vendiendo
	no vendas	
(Ud.)	venda	
(nosotros)	vendamos	**Participio pasado**
(vosotros)	vended	vendido
	no vendáis	
(Uds.)	vendan	

VENIR

to come; to happen

Irregular stem-changing (E > IE) –IR verb

	Presente	**Subjuntivo**
yo	vengo	venga
tú	vienes	vengas
él	viene	venga
nosotros	venimos	vengamos
vosotros	venís	vengáis
ellos	vienen	vengan

	Pretérito	**Imperfecto**
yo	vine	venía
tú	viniste	venías
él	vino	venía
nosotros	vinimos	veníamos
vosotros	vinisteis	veníais
ellos	vinieron	venían

	Futuro	**Potencial**
yo	vendré	vendría
tú	vendrás	vendrías
él	vendrá	vendría
nosotros	vendremos	vendríamos
vosotros	vendréis	vendríais
ellos	vendrán	vendrían

Imperfecto de subjuntivo	**Form 1**	**Form 2**
yo	viniera	viniese
tú	vinieras	vinieses
él	viniera	viniese
nosotros	viniéramos	viniésemos
vosotros	vinierais	vinieseis
ellos	vinieran	viniesen

	Imperativo	**Gerundio**
(tú)	ven	viniendo
	no vengas	
(Ud.)	venga	
(nosotros)	vengamos	**Participio pasado**
(vosotros)	venid	venido
	no vengáis	
(Uds.)	vengan	

VER

to see

Irregular –ER verb

	Presente	**Subjuntivo**
yo	veo	vea
tú	ves	veas
él	ve	vea
nosotros	vemos	veamos
vosotros	veis	veáis
ellos	ven	vean

	Pretérito	**Imperfecto**
yo	vi	veía
tú	viste	veías
él	vio	veía
nosotros	vimos	veíamos
vosotros	visteis	veíais
ellos	vieron	veían

	Futuro	**Potencial**
yo	veré	vería
tú	verás	verías
él	verá	vería
nosotros	veremos	veríamos
vosotros	veréis	veríais
ellos	verán	verían

Imperfecto de subjuntivo	**Form 1**	**Form 2**
yo	viera	viese
tú	vieras	vieses
él	viera	viese
nosotros	viéramos	viésemos
vosotros	vierais	vieseis
ellos	vieran	viesen

	Imperativo	**Gerundio**
(tú)	ve	viendo
	no veas	
(Ud.)	vea	
(nosotros)	veamos	**Participio pasado**
(vosotros)	ved	visto
	no veáis	
(Uds.)	vean	

VESTIR
to dress s.o., to wear; (se) to dress o.s., to get dressed
Stem-changing (E > I) –IR verb

	Presente	**Subjuntivo**
yo	visto	vista
tú	vistes	vistas
él	viste	vista
nosotros	vestimos	vistamos
vosotros	vestís	vistáis
ellos	visten	vistan

	Pretérito	**Imperfecto**
yo	vestí	vestía
tú	vestiste	vestías
él	vistió	vestía
nosotros	vestimos	vestíamos
vosotros	vestisteis	vestíais
ellos	vistieron	vestían

	Futuro	**Potencial**
yo	vestiré	vestiría
tú	vestirás	vestirías
él	vestirá	vestiría
nosotros	vestiremos	vestiríamos
vosotros	vestiréis	vestiríais
ellos	vestirán	vestirían

Imperfecto de subjuntivo	**Form 1**	**Form 2**
yo	vistiera	vistiese
tú	vistieras	vistieses
él	vistiera	vistiese
nosotros	vistiéramos	vistiésemos
vosotros	vistierais	vistieseis
ellos	vistieran	vistiesen

	Imperativo	**Gerundio**
(tú)	viste	vistiendo
	no vistas	
(Ud.)	vista	
(nosotros)	vistamos	**Participio pasado**
(vosotros)	vestid	vestido
	no vistáis	
(Uds.)	vistan	

VIAJAR
to travel
Regular –AR verb

	Presente	**Subjuntivo**
yo	viajo	viaje
tú	viajas	viajes
él	viaja	viaje
nosotros	viajamos	viajemos
vosotros	viajáis	viajéis
ellos	viajan	viajen

	Pretérito	**Imperfecto**
yo	viajé	viajaba
tú	viajaste	viajabas
él	viajó	viajaba
nosotros	viajamos	viajábamos
vosotros	viajasteis	viajabais
ellos	viajaron	viajaban

	Futuro	**Potencial**
yo	viajaré	viajaría
tú	viajarás	viajarías
él	viajará	viajaría
nosotros	viajaremos	viajaríamos
vosotros	viajaréis	viajaríais
ellos	viajarán	viajarían

Imperfecto de subjuntivo	**Form 1**	**Form 2**
yo	viajara	viajase
tú	viajaras	viajases
él	viajara	viajase
nosotros	viajáramos	viajásemos
vosotros	viajarais	viajaseis
ellos	viajaran	viajasen

	Imperativo	**Gerundio**
(tú)	viaja	viajando
	no viajes	
(Ud.)	viaje	
(nosotros)	viajemos	**Participio pasado**
(vosotros)	viajad	viajado
	no viajéis	
(Uds.)	viajen	

VISITAR
to visit
Regular –AR verb

	Presente	**Subjuntivo**
yo	visito	visite
tú	visitas	visites
él	visita	visite
nosotros	visitamos	visitemos
vosotros	visitáis	visitéis
ellos	visitan	visiten

	Pretérito	**Imperfecto**
yo	visité	visitaba
tú	visitaste	visitabas
él	visitó	visitaba
nosotros	visitamos	visitábamos
vosotros	visitasteis	visitabais
ellos	visitaron	visitaban

	Futuro	**Potencial**
yo	visitaré	visitaría
tú	visitarás	visitarías
él	visitará	visitaría
nosotros	visitaremos	visitaríamos
vosotros	visitaréis	visitaríais
ellos	visitarán	visitarían

Imperfecto de subjuntivo	**Form 1**	**Form 2**
yo	visitara	visitase
tú	visitaras	visitases
él	visitara	visitase
nosotros	visitáramos	visitásemos
vosotros	visitarais	visitaseis
ellos	visitaran	visitasen

	Imperativo	**Gerundio**
(tú)	visita	visitando
	no visites	
(Ud.)	visite	
(nosotros)	visitemos	**Participio pasado**
(vosotros)	visitad	visitado
	no visitéis	
(Uds.)	visiten	

VIVIR
to live
Regular –IR verb

	Presente	**Subjuntivo**
yo	vivo	viva
tú	vives	vivas
él	vive	viva
nosotros	vivimos	vivamos
vosotros	vivís	viváis
ellos	viven	vivan

	Pretérito	**Imperfecto**
yo	viví	vivía
tú	viviste	vivías
él	vivió	vivía
nosotros	vivimos	vivíamos
vosotros	vivisteis	vivíais
ellos	vivieron	vivían

	Futuro	**Potencial**
yo	viviré	viviría
tú	vivirás	vivirías
él	vivirá	viviría
nosotros	viviremos	viviríamos
vosotros	viviréis	viviríais
ellos	vivirán	vivirían

Imperfecto de subjuntivo	**Form 1**	**Form 2**
yo	viviera	viviese
tú	vivieras	vivieses
él	viviera	viviese
nosotros	viviéramos	viviésemos
vosotros	vivierais	vivieseis
ellos	vivieran	viviesen

	Imperativo	**Gerundio**
(tú)	vive	viviendo
	no vivas	
(Ud.)	viva	
(nosotros)	vivamos	**Participio pasado**
(vosotros)	vivid	vivido
	no viváis	
(Uds.)	vivan	

VOLAR
to fly; to blow up
Stem-changing (O > UE) –AR verb

	Presente	**Subjuntivo**
yo	vuelo	vuele
tú	vuelas	vueles
él	vuela	vuele
nosotros	volamos	volemos
vosotros	voláis	voléis
ellos	vuelan	vuelen

	Pretérito	**Imperfecto**
yo	volé	volaba
tú	volaste	volabas
él	voló	volaba
nosotros	volamos	volábamos
vosotros	volasteis	volabais
ellos	volaron	volaban

	Futuro	**Potencial**
yo	volaré	volaría
tú	volarás	volarías
él	volará	volaría
nosotros	volaremos	volaríamos
vosotros	volaréis	volaríais
ellos	volarán	volarían

Imperfecto de subjuntivo	**Form 1**	**Form 2**
yo	volara	volase
tú	volaras	volases
él	volara	volase
nosotros	voláramos	volásemos
vosotros	volarais	volaseis
ellos	volaran	volasen

	Imperativo	**Gerundio**
(tú)	vuela	volando
	no vueles	
(Ud.)	vuele	
(nosotros)	volemos	**Participio pasado**
(vosotros)	volad	volado
	no voléis	
(Uds.)	vuelen	

VOLVER

to return; to turn over/around

Stem-changing (O > UE) –ER verb, irregular past participle

	Presente	**Subjuntivo**
yo	vuelvo	vuelva
tú	vuelves	vuelvas
él	vuelve	vuelva
nosotros	volvemos	volvamos
vosotros	volvéis	volváis
ellos	vuelven	vuelvan

	Pretérito	**Imperfecto**
yo	volví	volvía
tú	volviste	volvías
él	volvió	volvía
nosotros	volvimos	volvíamos
vosotros	volvisteis	volvíais
ellos	volvieron	volvían

	Futuro	**Potencial**
yo	volveré	volvería
tú	volverás	volverías
él	volverá	volvería
nosotros	volveremos	volveríamos
vosotros	volveréis	volveríais
ellos	volverán	volverían

Imperfecto de subjuntivo	**Form 1**	**Form 2**
yo	volviera	volviese
tú	volvieras	volvieses
él	volviera	volviese
nosotros	volviéramos	volviésemos
vosotros	volvierais	volvieseis
ellos	volvieran	volviesen

	Imperativo	**Gerundio**
(tú)	vuelve	volviendo
	no vuelvas	
(Ud.)	vuelva	
(nosotros)	volvamos	**Participio pasado**
(vosotros)	volved	vuelto
	no volváis	
(Uds.)	vuelvan	

Appendix

1,000 More Verbs

Spanish Verb	English Translation	Model Verb
abatir	to knock down, demolish	vivir
abrasar	to burn	hablar
abrazar	to embrace, hug; to include	abrazar
abrevar	to water	hablar
abreviar	to abbreviate	cambiar
abrigar	to shelter	obligar
abrir	to open	abrir
absolver	to acquit, absolve	resolver
absorber	to absorb	comer
abstraer	to abstract; to remove	traer
abuchear	to boo	cambiar
aburrir	to bore	vivir
abusar	to abuse, take advantage	hablar
acabar	to finish, complete	acabar
acelerar	to hurry, accelerate	hablar
acentuar	to emphasize	situar
aceptar	to accept	hablar
acercar	to bring closer	acercar
acertar	to be right; to manage to	despertar
aclamar	to acclaim	hablar
aclarar	to clarify; to rinse	hablar
acompañar	to accompany	hablar
aconsejar	to advise, counsel	hablar
acordar	to agree, decide	acordar
acostar	to put to bed	acostar
acostumbrar	to get s.o. used to, accustom s.o. to	acostumbrar
activar	to activate, stimulate	hablar
actualizar	to update	utilizar
actuar	to act; to activate	situar
acuchillar	to knife, stab	hablar
acudir	to come, be present	vivir
acumular	to accumulate	hablar
acusar	to accuse	hablar
adaptar	to adapt	hablar
adelantar	to advance, progress	hablar
adelgazar	to lose weight	abrazar
adherir	to adhere; to join	advertir
adicionar	to add	hablar
adivinar	to predict, divine	hablar
admirar	to admire	hablar
admitir	to admit	vivir

Spanish Verb	English Translation	Model Verb
adoptar	to adopt	hablar
adorar	to adore	hablar
adular	to flatter	hablar
advertir	to notice, observe; to warn, advise	advertir
afeitar	to shave	afeitar
afianzar	to reinforce; to guarantee	abrazar
aficionarse	to become fond of	ducharse
afirmar	to affirm; to strengthen	hablar
afrontar	to confront, face	hablar
agitar	to shake up, agitate	hablar
agotar	to deplete, empty	hablar
agradar	to please	hablar
agradecer	to thank, be thankful for	agradecer
agrandar	to enlarge	hablar
agravar	to aggravate	hablar
agregar	to gather, aggregate	entregar
agrupar	to group	hablar
aguardar	to expect, wait for	hablar
ahorrar	to save, economize, avoid	ahorrar
ajustar	to adjust	hablar
alabar	to praise, approve of	hablar
alarmar	to alarm	hablar
alcanzar	to reach, overtake	abrazar
alegrar	to make happy, cheer up	alegrar
alentar	to encourage	calentar
alienar	to alienate	hablar
alimentar	to feed	hablar
almorzar	to have lunch	almorzar
alojar	to lodge, accommodate	hablar
alquilar	to rent	alquilar
alumbrar	to illuminate	hablar
alzar	to lift, elevate; to remove	cruzar
amanecer	to dawn, appear	aparecer
amar	to love	amar
amenazar	to threaten	abrazar
ampliar	to enlarge	enviar
amplificar	to amplify	comunicar
analizar	to analyze	utilizar
andar	to walk, go, travel	andar
animar	to animate	hablar
anotar	to annotate	hablar

Spanish Verb	English Translation	Model Verb
anular	to annul	hablar
anunciar	to announce	cambiar
añadir	to add	añadir
apagar	to extinguish, turn off	apagar
aparcar	to park	marcar
aparecer	to appear, show up	aparecer
aplaudir	to applaud	vivir
aplazar	to postpone	abrazar
aplicar	to apply, assign	aplicar
apodar	to nickname, label	hablar
apoderar	to authorize, empower	hablar
apostar	to bet	demostrar
apoyar	to lean, support	hablar
apreciar	to appreciate, evaluate	cambiar
aprender	to learn	aprender
aprestar	to prepare	hablar
apresurar	to hurry, accelerate	hablar
apretar	to tighten; to afflict	pensar
aprobar	to approve; to pass (a class)	probar
apropriar	to adapt	cambiar
aprovechar	to utilize, be useful	hablar
apurar	to purify; to drain; to annoy	hablar
argüir	to argue; to accuse	huir
articular	to articulate	hablar
arrancar	to uproot, snatch; to start	sacar
arrastrar	to drag	hablar
arreglar	to arrange, settle, adjust	arreglar
arrendar	to rent	pensar
arrepentirse	to repent, regret	sentir
arriesgar	to risk	pegar
arrojar	to throw; to emit	hablar
arruinar	to ruin	hablar
ascender	to promote; to ascend	entender
asear	to adorn; to clean up	cambiar
asegurar	to secure, assure	hablar
asentir	to assent	sentir
asignar	to assign, allocate	hablar
asistir	to attend; to serve, wait on; to help	asistir
asociar	to associate, pool	cambiar
asolar	to destroy	hablar
aspirar	to inhale; to aspire	hablar

Spanish Verb	English Translation	Model Verb
asustar	to frighten	hablar
atacar	to attack	sacar
atar	to tie	hablar
atender	to attend to, heed	entender
atenerse	to obey; to rely on	obtener
aterrizar	to land, disembark	aterrizar
atraer	to attract, appeal to	traer
atravesar	to cross, pass through	pensar
atreverse	to dare	comer
atribuir	to attribute to	huir
autorizar	to authorize	aterrizar
avanzar	to advance	abrazar
avergonzar	to shame	almorzar
averiguar	to find out, ascertain	averiguar
avisar	to warn	hablar
ayudar	to help	ayudar
bailar	to dance	bailar
bajar	to lower, go down	hablar
bañar	to bathe, immerse	bañar
barrer	to sweep	comer
bastar	to suffice	hablar
batallar	to battle	hablar
batir	to beat, battle	vivir
bautizar	to baptize; to christen	organizar
beber	to drink	beber
besar	to kiss	hablar
blasfemar	to blaspheme; to curse	hablar
borrar	to erase	hablar
bostezar	to yawn	organizar
boxear	to box	cambiar
brillar	to shine	hablar
brincar	to jump, skip	sacar
bromear	to joke	cambiar
broncear	to tan	cambiar
bullir	to boil; to move; to swarm	gruñir
burlar	to mock; to deceive, cheat	hablar
buscar	to look for, search	buscar
caber	to fit; to be possible	caber
caer	to fall, collapse	caer
calcular	to calculate; to figure	hablar
calentar	to warm, heat	calentar

Spanish Verb	English Translation	Model Verb
calificar	to qualify; to assess	comunicar
callar	to keep quiet	hablar
calmar	to calm	hablar
calzar	to wear (shoes)	cruzar
cambiar	to change	cambiar
caminar	to walk, move, go	caminar
cansar	to tire	hablar
cantar	to sing, chant	cantar
carecer	to lack	parecer
cargar	to load, burden	pagar
casar	to marry, pair, couple	casar
castigar	to punish, castigate	obligar
causar	to cause	hablar
cavar	to dig	hablar
cazar	to hunt; to chase	abrazar
cecear	to lisp	cambiar
ceder	to cede, give up; to decline	comer
celebrar	to celebrate	hablar
cenar	to have dinner	cenar
censurar	to censor, censure	hablar
ceñir	to surround; to shorten	ceñir
cepillar	to brush	hablar
cercar	to enclose	acercar
cerrar	to close, obstruct	cerrar
certificar	to certify	comunicar
circular	to circulate	hablar
citar	to make an appointment	hablar
civilizar	to civilize	utilizar
clamar	to clamor	hablar
clarear	to brighten; to clarify	cambiar
clarificar	to clarify, illuminate	comunicar
clasificar	to classify	comunicar
cobrar	to recover; to charge; to collect	hablar
cocer	to cook, bake	cocer
cocinar	to cook	cocinar
coger	to catch, grasp, gather	coger
coleccionar	to collect	hablar
colegir	to gather	elegir
colgar	to hang; to attribute	jugar
colocar	to position, arrange	chocar
colonizar	to colonize	organizar

Spanish Verb	English Translation	Model Verb
colorar	to color	hablar
comandar	to command	hablar
combatir	to combat	vivir
comentar	to comment on	hablar
comenzar	to begin, commence	comenzar
comer	to eat	comer
cometer	to commit	comer
comisionar	to commission	hablar
comparar	to compare	hablar
compartir	to share; to divide up	vivir
compensar	to compensate	hablar
competir	to compete	pedir
completar	to complete	hablar
complicar	to complicate; to involve	explicar
componer	to compose	poner
comprar	to buy	comprar
comprender	to comprise, include; to understand	comprender
comprimir	to compress; to control	vivir
comprobar	to verify; to prove	probar
comprometer	to compromise	comer
comulgar	to take communion; to agree	pagar
comunicar	to communicate; to connect	comunicar
concebir	to conceive, imagine	pedir
conceder	to concede; to bestow	comer
concentrar	to concentrate	hablar
concernir	to concern	sentir
concertar	to coordinate; to agree to	despertar
conciliar	to reconcile	cambiar
concluir	to conclude	incluir
concretar	to specify, make concrete	hablar
condenar	to condemn	hablar
conducir	to lead, drive, conduct	conducir
conectar	to connect	hablar
conferir	to confer, give	preferir
confesar	to confess	pensar
confiar	to confide, trust	enviar
confirmar	to confirm	hablar
confluir	to meet, join	incluir
conformar	to conform; to shape	hablar
confundir	to confound, confuse; to lose	vivir
conmover	to shake	mover

Spanish Verb	English Translation	Model Verb
conocer	to know; to meet	conocer
conseguir	to get, obtain, manage	conseguir
consentir	to consent; to bear	sentir
conservar	to conserve, save	hablar
considerar	to consider	hablar
consistir	to consist (of)	vivir
consolar	to console	volar
conspirar	to conspire	hablar
constar	to be clear, obvious	hablar
constituir	to constitute	huir
construir	to build, construct	construir
consultar	to consult	hablar
consumir	to consume; to wear away	vivir
contaminar	to contaminate	hablar
contar	to count; to bear in mind; to tell	contar
contemplar	to contemplate; to treat well	hablar
contener	to contain	obtener
contentar	to satisfy	hablar
contestar	to answer, reply	contestar
continuar	to continue	continuar
contraer	to contract	traer
contraponer	to compare, counter with	poner
contrastar	to resist; to contrast	hablar
contratar	to negotiate for; to hire	hablar
contravenir	to contravene	venir
contribuir	to contribute	huir
controlar	to control; to supervise	hablar
convalecer	to convalesce, recover	aparecer
convencer	to convince	vencer
convenir	to agree; to suit	venir
conversar	to converse	hablar
convertir	to convert	advertir
convocar	to convoke, summon	provocar
cooperar	to cooperate	hablar
copiar	to copy	cambiar
cortar	to cut	cortar
corregir	to correct; to reprimand, punish	corregir
correr	to traverse, cover; to run, hurry	correr
corresponder	to correspond, tally; to be suitable	comer
corromper	to corrupt, spoil	comer
cosquillear	to tickle	cambiar

Spanish Verb	English Translation	Model Verb
costar	to cost	costar
crear	to create	cambiar
crecer	to grow	parecer
creer	to believe	creer
criar	to feed; to grow, raise	enviar
criticar	to criticize	criticar
cruzar	to cross, intersect	cruzar
cubrir	to cover	cubrir
cuestionar	to question, dispute	hablar
cuidar	to care for, look after	cuidar
culpar	to blame	disculpar
cumplir	to fulfill, comply with; to end, expire	cumplir
curar	to cure	hablar
chafar	to flatten; to mess up	hablar
charlar	to chat	hablar
chispear	to sparkle; to drizzle	cambiar
chistar	to speak	hablar
chocar	to shock, startle; to collide with	chocar
chupar	to suck; to sap	hablar
danzar	to dance; (inf) to meddle	cruzar
dar	to give	dar
deber	should, must, to have to; to owe	deber
debutar	to debut	hablar
decantar	to decant; to deposit (sediment)	cantar
decidir	to decide	decidir
decir	to say, tell	decir
declamar	to declaim, recite	hablar
declarar	to declare	hablar
decorar	to decorate; to memorize	hablar
dedicar	to dedicate	indicar
deducir	to deduce; to deduct	conducir
defender	to defend, protect, uphold	defender
deferir	to defer, delegate	pedir
definir	to define	finir
deformar	to deform	hablar
defraudar	to defraud	hablar
dejar	to leave, permit	dejar
delegar	to delegate	pegar
delinquir	to break the law, commit an offense	delinquir
demandar	to request; to sue	mandar
demostrar	to show, prove, demonstrate	demostrar

Spanish Verb	English Translation	Model Verb
denegar	to refuse, reject	negar
denotar	to denote	hablar
denunciar	to denounce; to report, indicate	cambiar
departir	to talk, converse	partir
depender	to depend	comer
deplorar	to deplore	hablar
deponer	to depose; to put down	poner
deportar	to deport	hablar
depositar	to deposit, store	hablar
depreciar	to depreciate	cambiar
deprimir	to depress	vivir
derramar	to spill, scatter	hablar
derribar	to demolish; to knock down	hablar
derrotar	to defeat; to tear	hablar
desanimar	to discourage	hablar
desaparecer	to disappear	aparecer
desaprender	to forget, unlearn	comer
desaprobar	to disapprove of; to condemn	probar
desarrollar	to develop; to unroll	hablar
desatar	to untie, unfasten	hablar
desayunar	to have breakfast (often reflexive)	desayunar
descalzar	to take off shoes; to undermine	abrazar
descaminar	to mislead	caminar
descansar	to rest, support, lean; to aid	descansar
descender	to descend	entender
descolgar	to take down, unhang	jugar
desconocer	to not know; to disown	conocer
describir	to describe	describir
descubrir	to discover	descubrir
desear	to desire	cambiar
desenvolver	to unwrap, unroll	volver
deshacer	to undo; to destroy	hacer
designar	to designate; to select	hablar
deslizar	to slide, slip	utilizar
desmentir	to deny, belie	mentir
desobedecer	to disobey	agradecer
desordenar	to disarrange, make a mess	hablar
desorganizar	to disorganize	organizar
despedir	to say good-bye, dismiss	pedir
despegar	to detach	pegar
despenalizar	to legalize, decriminalize	utilizar

Spanish Verb	English Translation	Model Verb
despertar	to wake up, awaken	despertar
destrozar	to destroy	abrazar
destruir	to destroy, ruin, damage	destruir
desunir	to separate	vivir
desvestir	to undress	vestir
desviar	to deviate, deflect	enviar
detener	to detain, stop	detener
determinar	to determine; to cause	hablar
devenir	to become	venir
devolver	to return; to refund	volver
dibujar	to draw, design	hablar
dictar	to dictate	hablar
digerir	to digest	sentir
dirigir	to direct, address; to manage, run	dirigir
discernir	to discern	sentir
disculpar	to excuse, pardon, forgive	disculpar
discutir	to discuss	discutir
diseminar	to disseminate	hablar
disentir	to dissent	sentir
disfrazar	to disguise, conceal	abrazar
disfrutar	to enjoy, make use of	hablar
disimular	to hide; to excuse	hablar
disminuir	to diminish	huir
disolver	to dissolve	resolver
dispensar	to dispense; to excuse, exempt	hablar
disponer	to dispose of; to arrange, order	poner
distinguir	to distinguish, discern	distinguir
distraer	to distract, divert, amuse	distraer
distribuir	to distribute	huir
divertir	to amuse, entertain, divert	divertir
dividir	to divide	vivir
divorciar	to divorce	cambiar
divulgar	to divulge	pagar
doblar	to double, fold; to turn, overtake	doblar
doler	to hurt, ache	doler
dormir	to sleep	dormir
ducharse	to take a shower	ducharse
dudar	to doubt	dudar
economizar	to save, economize	economizar
echar	to throw; to emit; to eject	echar
edificar	to build; to edify	comunicar

Spanish Verb	English Translation	Model Verb
editar	to publish; to edit	hablar
educar	to educate	indicar
efectuar	to effect	situar
ejecutar	to perform, execute	hablar
ejercer	to exert	vencer
elaborar	to elaborate; to manufacture	hablar
elegir	to choose, select, elect	elegir
embarazar	to hinder; to make pregnant	abrazar
embarcar	to embark	marcar
embeber	to imbibe; to absorb	comer
empezar	to begin, start	empezar
emplear	to employ	cambiar
enamorarse	to fall in love	ducharse
encabezar	to lead, head	organizar
encantar	to enchant, bewitch, delight	encantar
encender	to ignite; to turn on; to provoke	entender
encerrar	to confine, enclose; to comprise	cerrar
encoger	to shrink	escoger
encomendar	to entrust	pensar
encontrar	to meet, find, encounter	encontrar
endulzar	to sweeten	abrazar
enfadar	to anger, annoy, offend	hablar
enfermar	to make or fall ill	enfermar
enfriar	to cool	enviar
engolfarse	to get involved	ducharse
ennegrecer	to blacken, darken	aparecer
enojar	to anger, irritate, vex	enojar
enrollar	to roll up; to jabber; (inf) to turn on	hablar
ensayar	to test, try	hablar
enseñar	to teach, train; to show	enseñar
ensuciar	to soil, dirty, pollute	cambiar
entender	to understand; to intend, mean	entender
enterrar	to inter, bury	hablar
entrar	to enter; to bring/show in	entrar
entregar	to deliver, surrender	entregar
entretener	to entertain; to hold up, delay	entretener
enunciar	to enunciate	cambiar
enviar	to send	enviar
envidiar	to envy, covet	cambiar
envolver	to wrap, pack, enfold	volver
equipar	to equip	hablar

Spanish Verb	English Translation	Model Verb
explorar	to explore	hablar
exponer	to expose, display	poner
expresar	to express	expresar
exprimir	to squeeze; to exploit	vivir
extender	to extend; to draw up	entender
extinguir	to extinguish, exterminate	distinguir
extraer	to extract	traer
extrañar	to miss (someone), to find strange	extrañar
fabricar	to manufacture, fabricate	explicar
facilitar	to facilitate; to provide	hablar
falsificar	to falsify	comunicar
faltar	to lack, be lacking	faltar
fallar	to fail; to miss	hablar
familiarizar	to familiarize	abrazar
fatigar	to fatigue	obligar
favorecer	to favor; to flatter	aparecer
felicitar	to congratulate	hablar
festejar	to celebrate, feast	hablar
fiar	to entrust; to guarantee	enviar
fichar	to file, index; to sign up	hablar
fijarse	to affix, settle on; to pay attention	fijarse
finalizar	to finish	utilizar
fingir	to feign, fake	dirigir
firmar	to sign	firmar
flirtear	(inf) to flirt	cambiar
florecer	to flower, flourish	parecer
flotar	to float, flutter	hablar
fluir	to flow	huir
formar	to shape, form; to train	hablar
formular	to formulate	hablar
fornicar	to fornicate	explicar
forzar	to force	almorzar
fotocopiar	to photocopy	cambiar
fotografiar	to photograph	enviar
fregar	to scrub; to wash dishes	negar
frenar	to brake; to restrain	hablar
frotar	to rub	hablar
fumar	to smoke	fumar
funcionar	to function	hablar
fundar	to found	hablar
fusionar	to fuse, merge	hablar

Spanish Verb	English Translation	Model Verb
equivocar	to mistake, miss	equivocar
erigir	to erect, build	dirigir
errar	to err, miss; to wander	errar
escapar	to escape, elude	hablar
escoger	to choose	escoger
esconder	to hide, conceal	comer
escribir	to write	escribir
escrutar	to scrutinize; to count votes	hablar
escuchar	to listen (to)	escuchar
esculpir	to carve, sculpt	vivir
escurrir	to wring out; to drip; to be slippery	ocurrir
esforzar	to strengthen, invigorate	almorzar
esparcir	to spread, scatter; to amuse, divert	esparcir
especificar	to specify	comunicar
esperar	to wait, expect, hope	esperar
espiar	to spy on	enviar
esquiar	to ski	enviar
establecer	to establish	aparecer
estar	to be	estar
estimar	to estimate, esteem	hablar
estorbar	to hinder, bother	hablar
estornudar	to sneeze	hablar
estrechar	to narrow; to squeeze	hablar
estropear	to damage	cambiar
estrujar	to squeeze	hablar
estudiar	to study; to think about, consider	estudiar
evacuar	to evacuate; to fulfill	enviar
evitar	to avoid	hablar
evocar	to evoke, invoke	provocar
exagerar	to exaggerate	hablar
examinar	to examine; to test	hablar
exceptuar	to except, exclude, exempt	situar
excitar	to excite, incite	hablar
exclamar	to exclaim	hablar
excluir	to exclude	incluir
excusar	to excuse; to prevent	hablar
exhalar	to exhale; to emit	hablar
exigir	to demand, require	dirigir
existir	to exist	vivir
expedir	to issue; to ship	pedir
explicar	to explain	explicar

Spanish Verb	English Translation	Model Verb
ganar	to win, earn, gain	ganar
garantizar	to guarantee	organizar
gastar	to spend, use up, waste	gastar
gemir	to groan, moan	repetir
generalizar	to generalize	utilizar
generar	to generate	hablar
germinar	to germinate	hablar
gestear	to gesture, grimace	cambiar
gestionar	to manage; to negotiate	hablar
girar	to turn, rotate, spin	hablar
gobernar	to govern; to guide	pensar
golpear	to hit; to thump	cambiar
gotear	to drip, trickle	cambiar
gozar	to enjoy; to have	cruzar
graduar	to grade, classify; to graduate	continuar
gratificar	to reward; to gratify	comunicar
gravar	to burden	hablar
gritar	to shout, scream	gritar
gruñir	to grunt, grumble, growl	gruñir
guardar	to guard; to keep, retain	hablar
guiar	to guide, lead; to drive	enviar
gustarle	to taste; to like, be pleasing	gustarle
haber	to have (perfect auxiliary)	haber
habitar	to inhabit, dwell	hablar
habituar	to habituate	situar
hablar	to speak	hablar
hacer	to do, make	hacer
hallar	to find, come across	hallar
hartar	to satiate; to weary	hablar
heder	to stick; to annoy	perder
helar	to freeze; to astonish	pensar
henchir	to stuff, fill	gruñir
heredar	to inherit	hablar
herir	to injure, hurt	sentir
hervir	to boil; to seethe	sentir
hidratar	to hydrate, moisturize	hablar
hinchar	to swell, inflate	hablar
hipar	to hiccup; to pant; to yearn	hablar
holgar	to rest; to be superfluous	jugar
honrar	to honor	hablar
hospedar	to lodge, accommodate	hablar

Spanish Verb	English Translation	Model Verb
hospitalizar	to hospitalize	utilizar
huir	to flee, escape	huir
identificar	to identify	comunicar
ignorar	to be ignorant of; to ignore	hablar
igualar	to equalize; to level, even	hablar
iluminar	to illuminate	hablar
ilusionar	(inf) to deceive, encourage falsely	hablar
ilustrar	to illustrate, enlighten	hablar
imaginar	to imagine	hablar
imitar	to imitate	hablar
impedir	to prevent, impede	pedir
implicar	to implicate	explicar
imponer	to impose, demand	poner
importarle	to matter, be important; to cost	importarle
impresionar	to impress, make an impression	hablar
incendiar	to set on fire, inflame	cambiar
incitar	to incite	hablar
inclinar	to incline	hablar
incluir	to include, contain	incluir
indicar	to point out, indicate	indicar
inducir	to persuade, induce	conducir
inferir	to infer	preferir
influenciar	to influence	cambiar
influir	to influence, have influence	incluir
informar	to inform, report	hablar
inhalar	to inhale, sniff	hablar
inhibir	to inhibit, restrain	vivir
iniciar	to initiate	cambiar
inocular	to inoculate; to corrupt	hablar
inscribir	to record, inscribe; to enroll	escribir
insinuar	to insinuate	continuar
insistir	to insist	vivir
inspeccionar	to inspect	hablar
inspirar	to inspire	hablar
instituir	to institute	huir
instruir	to instruct	incluir
interesar	to interest, appeal to; to concern, involve	interesar
interpretar	to interpret	hablar
intervenir	to intervene; to supervise	venir
interrumpir	to interrupt	interrumpir
introducir	to introduce, insert, input	introducir

Spanish Verb	English Translation	Model Verb
inventar	to invent	hablar
invertir	to invert; to invest	divertir
investigar	to investigate	obligar
invitar	to invite	hablar
invocar	to invoke; to implore	provocar
ir	to go	ir
irritar	to irritate	hablar
jabonar	to soap, lather	hablar
jactarse	to brag	ducharse
jugar	to play	jugar
juntar	to join, connect, amass	juntar
jurar	to swear, take an oath	hablar
justificar	to justify; to verify	comunicar
juzgar	to judge	pagar
lactar	to breast-feed	hablar
lagrimar	to cry	hablar
lamentar	to lament	hablar
lanzar	to throw, launch	cruzar
lastimar	to hurt, injure; to distress; to pity	lastimar
lavar	to wash	lavar
leer	to read	leer
legalizar	to legalize; to authenticate	utilizar
legitimar	to legitimize	hablar
levantar	to lift, raise	levantar
liar	to tie	enviar
liberar	to liberate	hablar
licitar	to bid for	hablar
ligar	to tie; to mix	obligar
limar	to file; to polish	hablar
limitar	to limit	hablar
limpiar	to clean, wipe	limpiar
lograr	to obtain, achieve, manage	hablar
lubricar	to lubricate	explicar
luchar	to fight, wrestle	hablar
lustrar	to polish	hablar
llamar	to call, name; to draw, attract	llamar
llegar	to arrive, reach	llegar
llenar	to fill, fulfill	hablar
llevar	to carry, take; to wear	llevar
llorar	to cry, weep; to lament	llorar
llover	to rain	llover

Spanish Verb	English Translation	Model Verb
maltraer	to insult, abuse, mistreat	traer
maltratar	to mistreat; to batter	hablar
manchar	to soil, stain, sully	hablar
mandar	to order, ask for, command	mandar
manejar	to handle, manage, run; to drive a car	manejar
manifestar	to manifest, show	hablar
manipular	to manipulate, handle	hablar
mantener	to maintain, support	obtener
maquillarse	to put on make-up	ducharse
marcar	to mark, notice; to indicate	marcar
marchar	to walk, march; to work (a machine)	marchar
marginar	to marginalize, isolate	hablar
marrar	to miss; to fail, go badly	hablar
mascar	to chew; (inf) to mumble	buscar
masticar	to masticate, chew	criticar
matar	to kill (literally and figuratively)	matar
mecer	to rock, swing, sway, stir	vencer
mediar	to be in the middle; to happen; to mediate	cambiar
medir	to compare, measure	pedir
meditar	to meditate	hablar
mejorar	to improve; to upgrade	mejorar
memorizar	to memorize	aterrizar
mencionar	to mention	hablar
menguar	to diminish; to discredit	averiguar
mentir	to lie	mentir
merecer	to deserve, merit	parecer
meter	to put, insert; to score (a goal)	meter
mezclar	to mix	hablar
mirar	to watch, look (at); to consider	mirar
mitigar	to mitigate, appease	obligar
modernizar	to modernize	organizar
modificar	to modify	comunicar
mojar	to wet; to interfere	hablar
moler	to grind, wear out	mover
montar	to climb, go up, mount	hablar
morder	to bite; to corrode	mover
morir	to die	morir
mostrar	to show, point out	mostrar
mover	to move; to cause, provoke	mover
mudar	to change	hablar
multiplicar	to multiply	explicar

Spanish Verb	English Translation	Model Verb
nacer	to be born, hatch, sprout	nacer
nadar	to swim	hablar
narrar	to narrate	hablar
naturalizar	to naturalize	utilizar
navegar	to sail, navigate	pegar
necesitar	to need, necessitate	necesitar
negar	to deny, reject, refuse, negate	negar
negociar	to negotiate	cambiar
nevar	to snow	nevar
ningunear	to scorn; to treat badly	cambiar
nombrar	to name, designate	hablar
nominar	to nominate	hablar
normalizar	to normalize	utilizar
notar	to notice, perceive; to note down	hablar
notificar	to notify	comunicar
numerar	to number	hablar
nutrir	to nourish	vivir
obedecer	to obey	agradecer
objetar	to object; to present (an argument)	hablar
objetivar	to objectify, state objectively	hablar
obligar	to force, compel, oblige	obligar
obliterar	to obliterate	hablar
obrar	to work; to behave, act	hablar
obsequiar	to give; to be obsequious, lavish attention	cambiar
observar	to observe	hablar
obstruir	to obstruct	construir
obtener	to obtain, get	obtener
ocultar	to hide, conceal	hablar
ocupar	to occupy; to confiscate	hablar
ocurrir	to occur	ocurrir
oficiar	to officiate; to inform officially	cambiar
ofrecer	to give, offer, present	ofrecer
ofrendar	to offer	hablar
ofuscar	to obfuscate; to dazzle	buscar
oír	to hear, listen	oír
ojear	to eye, stare at; to drive away	cambiar
olear	to wave; to cheer	cambiar
oler	to smell; to pry into, sniff out	oler
olfatear	to smell, sniff	cambiar
olvidar	to forget, omit	olvidar
omitir	to omit	vivir

Spanish Verb	English Translation	Model Verb
ondularse	to wave, undulate	ducharse
operar	to operate; to effect	hablar
opinar	to think; to opine	hablar
oponer	to oppose	poner
oprimir	to oppress, squeeze	vivir
optar	to opt, choose; to compete	hablar
ordenar	to order, arrange	hablar
organizar	to organize, set up	organizar
osar	to dare	hablar
oscilar	to oscillate, swing, fluctuate	hablar
oscurecer	to obscure	aparecer
pagar	to pay, repay	pagar
paginar	to paginate, number pages	hablar
palpar	to touch, feel	hablar
palpitar	to palpitate, beat, throb	hablar
parar	to stop, lead	parar
parecer	to seem, appear, look	parecer
parir	to give birth	vivir
participar	to participate; to notify, inform	hablar
partir	to depart, set out; to divide	partir
pasar	to pass, give; to happen, spend (time)	pasar
pasear	to walk s.o. or s.t.; to parade	cambiar
patear	to trample, kick	cambiar
patinar	to skate; to skid, slip	hablar
pausar	to slow down	hablar
pedir	to ask for, request, order	pedir
pegar	to beat, hit; to glue, adhere	pegar
peinar	to comb	peinar
pelar	to shear, skin, peel	hablar
peligrar	to be in danger	hablar
penar	to penalize, punish; to suffer	hablar
penetrar	to penetrate	hablar
pensar	to think	pensar
percibir	to perceive, sense	vivir
perder	to lose	perder
perdonar	to pardon, forgive, excuse	perdonar
perdurar	to last	hablar
perecer	to perish	parecer
perfilar	to outline, shape; to streamline	hablar
perfumar	to perfume	hablar
perjudicar	to harm, prejudice	comunicar

Spanish Verb	English Translation	Model Verb
permanecer	to stay, remain	aparecer
permitir	to allow, permit	permitir
permutar	to exchange	hablar
perseguir	to pursue, persecute	seguir
persistir	to persist	vivir
personalizar	to personalize	utilizar
personificar	to personify	comunicar
persuadir	to persuade	vivir
pertenecer	to pertain	aparecer
pervertir	to pervert	divertir
pesar	to weigh; to distress	hablar
pescar	to fish, catch	pescar
picar	to pierce, prick; to sting	aplicar
pilotar	to pilot; to drive, steer	hablar
pintar	to paint	hablar
pisar	to tread, step, walk (on)	hablar
plagar	to plague	pagar
planchar	to iron	hablar
planear	to plan; to hover	cambiar
plantar	to plant; to erect, set up	hablar
plantear	to implant; to plan; to cause (problems)	cambiar
platicar	to talk, chat	criticar
poder	can, may, to be able	poder
poner	to put; to switch	poner
portarse	to behave	ducharse
posar	to put down, place; to pose	hablar
poseer	to possess, own	leer
posponer	to postpone; to place after	poner
potenciar	to favor; to promote, develop, improve	cambiar
practicar	to practice; to perform, carry out	practicar
precisar	to need; to pinpoint, specify	hablar
predecir	to predict	decir
predicar	to preach	indicar
predisponer	to predispose, prejudice, bias	poner
predominar	to dominate, predominate	hablar
preferir	to prefer	preferir
preguntar	to ask, inquire	preguntar
prender	to catch, attach	comer
preocupar	to worry, preoccupy	preocupar
preponer	to place before	poner
prescribir	to prescribe	escribir

Spanish Verb	English Translation	Model Verb
presentar	to present; to introduce	presentar
presentir	to have a premonition	sentir
preservar	to preserve, protect	hablar
prestar	to loan, lend	prestar
presuponer	to presuppose	poner
pretender	to try to; to claim	comer
prevalecer	to prevail, thrive	aparecer
prevenir	to prevent; to warn; to prepare	venir
prever	to foresee, anticipate	ver
principiar	to begin	cambiar
privar	to deprive; to forbid; to delight	hablar
probar	to test, try; to prove	probar
proceder	to proceed	comer
proclamar	to proclaim	hablar
procurar	to procure; to try to	hablar
producir	to produce, cause	introducir
proferir	to utter	preferir
progresar	to progress	hablar
prohibir	to forbid, prohibit	vivir
prometer	to promise	comer
promover	to promote	mover
promulgar	to promulgate	pagar
pronunciar	to pronounce	cambiar
propagar	to propagate, disseminate	pagar
proponer	to propose, suggest	proponer
proporcionar	to supply; to obtain; to adjust	hablar
proscribir	to prohibit, proscribe	escribir
proseguir	to continue, proceed with	seguir
prosperar	to prosper	hablar
proteger	to protect	coger
protestar	to protest	hablar
provenir	to come from, stem from	venir
provocar	to provoke; to tempt; to bring about	provocar
publicar	to publish, publicize	explicar
pulir	to polish	vivir
pulsar	to press, click (mouse); to pulsate	hablar
puntuar	to punctuate; to assess	enviar
purgar	to purge, purify	pagar
quebrantar	to shatter; to weaken; to force	hablar
quebrar	to break, smash; to interrupt	quebrar
quedar	to remain, be left; to stay; to be	quedar

Spanish Verb	English Translation	Model Verb
quejarse	to complain, protest	ducharse
quemar	to burn; to annoy	quemar
querer	to want; to like, love	querer
quitar	to remove, take away; to ward off	quitar
racionar	to ration	hablar
rajar	to split, crack, slice; to chatter	hablar
rascar	to scrape, rasp, scratch	buscar
rasgar	to tear	pagar
rastrear	to track, trail; to dredge, trawl	cambiar
rastrillar	to rake	hablar
ratificar	to ratify	comunicar
razonar	to reason; to itemize	hablar
reaccionar	to react	hablar
realizar	to make real, realize	utilizar
reanimar	to revive, stimulate	hablar
reanudar	to renew	hablar
reaparacer	to reappear, return	aparecer
rearmar	to rearm	cambiar
reasumir	to resume, reassume	vivir
rebajar	to lower, reduce; to humble, disparage	hablar
rebasar	to surpass, exceed	hablar
rebatir	to repel, parry, reject	vivir
rebotar	to bounce, rebound	hablar
recalentar	to reheat, overheat	calentar
recapitular	to recapitulate, summarize	hablar
recargar	to overload; to increase tax	pagar
recelar	to suspect	hablar
recetar	to prescribe	hablar
recibir	to receive; to greet, entertain	recibir
recitar	to recite	hablar
reclamar	to demand; to protest	hablar
recobrar	to recover, retrieve	hablar
recoger	to pick up, gather	coger
recomendar	to recommend	pensar
recomenzar	to begin again, recommence	comenzar
recomponer	to mend, repair; (inf) to dress up	poner
reconcentrar	to concentrate on; to bring together	hablar
reconocer	to recognize, identify, acknowledge	reconocer
reconstituir	to reconstitute	huir
reconstruir	to rebuild	construir
recontar	to recount, count again; to retell	encontrar

Spanish Verb	English Translation	Model Verb
reconvenir	to reprimand	venir
recordar	to remember, remind	recordar
recortar	to cut off, trim	hablar
recorrer	to traverse, go over/through	correr
rectificar	to rectify	comunicar
recubrir	to cover, coat	cubrir
recular	to recoil, retreat	hablar
recuperar	to recuperate, recover, reclaim	hablar
rechazar	to repel, reject	abrazar
reducir	to reduce	conducir
referir	to tell, refer	preferir
reflejar	to reflect	hablar
reformar	to reform	hablar
regalar	to present, give; to treat well	regalar
regar	to water, irrigate	negar
regir	to rule, govern, prevail	elegir
registrar	to register, record; to search	hablar
regresar	to return, come/go back	regresar
regular	to regulate	hablar
rehacer	to redo	hacer
reír	to laugh	reír
relajar	to relax	hablar
relatar	to relate	hablar
releer	to reread	leer
relevar	to relieve; to emboss	hablar
relumbrar	to glare, shine brightly	hablar
rellenar	to refill, stuff	hablar
remarcar	to observe, remark; to emphasize	marcar
remediar	to remedy, repair; to prevent	cambiar
remeter	to put back	comer
remitir	to send, remit	vivir
remontar	to mend; to surmount	hablar
remorder	to grieve	mover
remover	to remove; to dig/stir up	mover
renacer	to be reborn; to revive	mover
rendir	to produce, yield; to defeat; to exhaust	pedir
renovar	to renovate, renew	volar
renunciar	to renounce	cambiar
reñir	to quarrel; to scold	ceñir
reorganizar	to reorganize	organizar
reparar	to repair; to notice	hablar

Spanish Verb	English Translation	Model Verb
repartir	to distribute, divide	vivir
repasar	to pass again; to sew; to check, revise	hablar
repeler	to repel	comer
repentizar	to ad-lib, improvise; to sight-read (music)	organizar
repetir	to repeat	repetir
repintar	to repaint	hablar
replantar	to replant	hablar
replicar	to retort, rejoin, answer back	aplicar
reponer	to replace	poner
reposar	to repose; to let one's stomach settle	hablar
repreguntar	to cross-examine	hablar
representar	to represent; to perform; to look; to explain	hablar
reprimir	to repress	vivir
reprochar	to reproach	hablar
reproducir	to reproduce	introducir
repudiar	to repudiate, disown	cambiar
repulsar	to repulse, refuse	hablar
requebrar	to flatter, compliment	hablar
requerir	to require; to request	sentir
resaltar	to stick out, project; to bounce	hablar
resbalar	to slip, skid	hablar
resentirse	to resent; to suffer from	sentir
reservar	to reserve; to conceal	hablar
residir	to reside	vivir
resistir	to resist; to withstand, endure	vivir
resolver	to solve, resolve	resolver
resonar	to echo, resonate	hablar
respectar	to concern, relate to	hablar
respetar	to respect	hablar
respirar	to breathe	hablar
responder	to answer, respond	comer
restar	to take away, deduct; to remain	hablar
restituir	to return, give back; to restore	huir
resucitar	to resuscitate, revive	hablar
resultar	to be; to result, ensue, amount to	hablar
resumir	to summarize; to abridge	vivir
resurgir	to reappear; to recover	dirigir
retar	to challenge, defy	hablar
retardar	to delay, retard	hablar
retener	to retain, hold back	obtener
retirar	to retire; to withdraw	hablar

Spanish Verb	English Translation	Model Verb
retorcer	to twist	cocer
retractar	to retract	hablar
retraer	to bring back; to dissuade	traer
retransmitir	to relay; to retransmit	vivir
retrasar	to delay, postpone	hablar
retratar	to portray	hablar
reunir	to reunite, gather, combine	vivir
revelar	to reveal, disclose	hablar
revender	to resell	comer
reventar	to burst, explode, pop	calentar
revertir	to revert	divertir
revisar	to revise	hablar
revivir	to revive; to relive	vivir
revocar	to revoke; to dissuade	provocar
revoltear	to flutter	cambiar
revolver	to stir through, disturb	volver
rezar	to pray, read, say	cruzar
rezumar	to ooze, leak	hablar
ridiculizar	to ridicule	utilizar
rimar	to rhyme	hablar
rizar	to curl, ripple	aterrizar
rodar	to roll, wheel; to travel; to race	volar
rodear	to surround; to detour	cambiar
rogar	to plead, beg, pray	jugar
romper	to break, tear	romper
roncar	to snore; to threaten	tocar
rozar	to rub, chafe; to border on	cruzar
rumiar	to chew; to ruminate	cambiar
saber	to know; to find out	saber
saborear	to savor; to taste; to flavor	cambiar
sacar	to take out; to produce, make	sacar
saciar	to satiate, sate	cambiar
sacudir	to shake, tug; to beat	vivir
salar	to salt	hablar
salir	to leave, go out	salir
salivar	to salivate	hablar
salpicar	to sprinkle, splash, scatter	explicar
saltar	to jump, leap, skip	hablar
saltear	to rob, assault	cambiar
salvar	to save, salvage	hablar
sanar	to heal, cure, recover	hablar

Spanish Verb	English Translation	Model Verb
sangrar	to bleed; to drain	hablar
santiguar	to bless, make the sign of the cross	averiguar
satirizar	to satirize	aterrizar
satisfacer	to satisfy	hacer
saturar	to saturate	hablar
sazonar	to season; to ripen	hablar
secar	to dry; to annoy, bore	secar
secretar	to secrete	hablar
secuestrar	to kidnap	hablar
seducir	to seduce, charm; to bribe	conducir
segar	to harvest	negar
seguir	to follow, continue; to chase	seguir
sembrar	to sow, spread	sentar
sensibilizar	to sensitize, make aware	utilizar
sentar	to sit, place; to suit, fit	sentar
sentir	to feel, sense; to regret	sentir
señalar	to signal, show, indicate	hablar
separar	to separate	hablar
ser	to be	ser
servir	to serve	servir
serrar	to saw	cerrar
signar	to seal; to sign	hablar
significar	to mean, signify	comunicar
silenciar	to silence	cambiar
simbolizar	to symbolize	utilizar
simpatizar	to get along	organizar
simplificar	to simplify	comunicar
simular	to simulate	hablar
situar	to put, place; to locate; to invest	situar
sobar	to handle, touch	hablar
sobornar	to bribe	hablar
sobrar	to exceed; to remain	hablar
sobrecoger	to startle, scare	coger
sobreponer	to superimpose; to favor	poner
sobrevivir	to survive	vivir
socializar	to socialize	utilizar
socorrer	to help, succor	comer
sofocar	to suffocate	provocar
solicitar	to solicit	hablar
solidificar	to solidify	comunicar
soltar	to release	contar

Spanish Verb	English Translation	Model Verb
solventar	to settle, resolve	hablar
sollozar	to sob	abrazar
sombrear	to shade	cambiar
someter	to conquer; to submit	comer
sonar	to sound, ring	soñar
sonreír	to smile	reír
soñar	to dream	soñar
soplar	to blow (off, away); to inspire; to prompt	hablar
soportar	to support	hablar
sorber	to sip; to absorb	comer
sorprender	to surprise	sorprender
sospechar	to suspect	hablar
sostener	to support, maintain, sustain	obtener
subestimar	to underestimate	hablar
subir	to go up, climb; to raise, lift	subir
sublimar	to exhalt, praise	hablar
subrayar	to underline, emphasize	hablar
subsanar	to overlook; to repair	hablar
subsidiar	to subsidize	cambiar
subsistir	to subsist, survive	vivir
subvenir	to meet, defray	venir
subvertir	to subvert, undermine	divertir
subyugar	to subjugate	pagar
succionar	to suck	hablar
suceder	to happen, succeed	comer
sudar	to sweat	hablar
sufrir	to suffer, endure	sufrir
sugerir	to suggest	sentir
sugestionar	to influence	hablar
sujetar	to subdue, seize	hablar
sumar	to add, total; to collect	hablar
sumergir	to immerse, submerge	dirigir
sumir	to sink, plunge	vivir
superar	to surpass, overcome	hablar
superponer	to superimpose	poner
supervisar	to supervise	hablar
suplantar	to supplant; to impersonate	hablar
suplicar	to beg, implore	aplicar
suponer	to suppose, assume	poner
suprimir	to suppress, eliminate	vivir
surgir	to emerge, surge	dirigir

Spanish Verb	English Translation	Model Verb
suscribir	to agree to, sign, subscribe	escribir
suspender	to hang, suspend	comer
suspirar	to sigh	hablar
sustituir	to substitute	huir
sustraer	to subtract, deduct	traer
susurrar	to whisper	hablar
tachar	to erase; to correct; to criticize	hablar
tapar	to cover, conceal	hablar
tapiar	to wall in, block	cambiar
tardar	to delay, be late, take a long time	hablar
tejar	to tile	hablar
telefonear	to telephone	cambiar
temblar	to tremble	pensar
temer	to fear, dread	comer
tender	to extend, stretch; to tend (to)	perder
tener	to have	tener
tentar	to try; to touch; to tempt	calentar
teñir	to dye	ceñir
teorizar	to theorize	aterrizar
terminar	to finish, end, terminate	terminar
testar	to test; to make a will	hablar
testificar	to attest, testify	comunicar
timar	to swindle, steal	hablar
timbrar	to stamp; to postmark	hablar
tipificar	to typify, characterize	comunicar
tirar	to pull; to throw	tirar
titular	to title, entitle	hablar
tocar	to touch, play an instrument	tocar
tolerar	to tolerate	hablar
tomar	to take, eat, drink	tomar
torcer	to twist; to influence	cocer
toser	to cough	comer
tostar	to toast, tan	costar
trabajar	to work	trabajar
traducir	to translate; to express	traducir
traer	to bring	traer
traficar	to traffic, trade, deal in	indicar
tragar	to swallow	pagar
tranquilizar	to calm, reassure	utilizar
transcribir	to transcribe, transliterate	escribir
transferir	to transfer; to postpone	preferir

Spanish Verb	English Translation	Model Verb
transformar	to transform	hablar
transmitir	to transmit, broadcast	vivir
transparentar	to reveal; to be transparent	hablar
transpirar	to perspire; to transpire	hablar
transponer	to transpose; to transplant	poner
transportar	to transport	hablar
tratar	to treat, handle; to deal with	tratar
trazar	to draw, trace	abrazar
trenzar	to braid, plait	cruzar
triunfar	to triumph	hablar
tropezar	to stumble; to run into s.o.	empezar
trotar	to trot, travel around	hablar
tumbar	to knock down; to fall down	hablar
tutear	to use tú (familiar you), be informal	cambiar
ufanarse	to boast	ducharse
ultimar	to finish, finalize	hablar
ultrajar	to outrage, insult, offend	hablar
unificar	to unify	comunicar
uniformar	to standardize, make uniform	hablar
unir	to unite	vivir
untar	to anoint, rub, dab	hablar
usar	to use, make use of	hablar
usurpar	to usurp, seize	hablar
utilizar	to use, utilize	utilizar
vacar	to idle; to devote o.s to; to lack	sacar
vaciar	to empty	enviar
vacilar	to wobble, waver, vacillate	hablar
vacunar	to vaccinate; to prepare, inure	hablar
vagabundear	to wander, roam	cambiar
vagar	to wander, prowl, loiter	pagar
valer	to protect; to cost, be worth	valer
validar	to validate	hablar
valorar	to value, assess	hablar
valorizar	to value, appraise	aterrizar
vaporizar	to vaporize; to spray	aterrizar
variar	to vary	enviar
vaticinar	to prophesy	hablar
vedar	to prohibit, forbid	hablar
vegetar	to grow; to vegetate, stagnate	hablar
velar	to stay awake, guard, watch over	hablar
vencer	to defeat, overcome; to win	vencer

Spanish Verb	English Translation	Model Verb
vender	to sell	vender
vengar	to avenge	pegar
venir	to come; to happen	venir
ventilar	to ventilate, air; to reveal	hablar
ver	to see	ver
verificar	to verify, check	comunicar
versar	to turn; to discuss	hablar
versificar	to versify, put into verse	comunicar
versionar	to translate, adapt	hablar
verter	to pour	perder
vestir	to dress, wear	vestir
viajar	to travel	viajar
vibrar	to vibrate	hablar
viciar	to corrupt, vitiate	cambiar
vigilar	to watch over, guard, be vigilant	hablar
vindicar	to avenge, vindicate	explicar
violar	to violate; to rape	hablar
virar	to turn; to change one's opinion	hablar
visitar	to visit	visitar
vislumbrar	to glimpse	hablar
visualizar	to visualize; to display	utilizar
vivir	to live	vivir
vocalizar	to vocalize; to hum	utilizar
vociferar	to shout, vociferate; to boast	hablar
volar	to fly; to blow up	volar
voltear	to turn over, around; to roll over	cambiar
volver	to return; to turn over/around	volver
votar	to vote, vow	hablar
vulgarizar	to popularize, spread knowledge of	aterrizar
yuxtaponer	to juxtapose	poner
zanganear	to idle, loaf, waste time	cambiar
zapatear	to tap one's foot; to kick; (inf) to mistreat	cambiar
zapear	to shoo away	cambiar
zumbar	to tease; to buzz	hablar
zurcir	to darn, mend	esparcir